IBIZA

Traumhafte Landhäuser

IBIZA
TRAUMHAFTE LANDHÄUSER

FRITZI MARCHIONESS VON NORTHAMPTON

Texte

LLUÍS DOMÈNECH

Fotos

CONRAD WHITE

KÖNEMANN

Originalausgabe © Lunwerg Editores, Barcelona, 1999
Texte © Lluís Domènech
Fotos © Conrad White
Idee, Design und Realisation: Lunwerg Editores

Originaltitel: Ibiza. Isla de los Tesoros

Könemann Verlagsgesellschaft mbH
Bonner Str. 126, D–50968 Köln

Übersetzung aus dem Spanischen: Marita Eva Döring
Redaktion: Verlagsbüro Schürmann, Wedel
Layout & Satz: Birgit Beyer

Projektkoordination: Sylvia Hecken
Herstellung: Ursula Schümer

Druck und Bindung: Neue Stalling, Oldenburg
Printed in Germany

ISBN: 3-8290-2224-7
10 9 8 7 6 5 4 3 2 1

Inhalt

Einführung

Die in diesem Bildband präsentierten ibizenkischen Häuser und Appartements sind sehr verschieden. Und doch haben alle eines gemeinsam: All diese Domizile sind zu Stein gewordene Träume. Sie verkörpern die Erfüllung langgehegter Wünsche und Phantasien, die ihre Eigentümer mit geschickter Planung und umsichtiger Gestaltung, durch Neubau oder Umbau alter Bausubstanz, verwirklicht haben.

Einige dieser Realität gewordenen Traumbilder sind von hinreißender Pracht und präsentieren sich dem Betrachter unmittelbar. Andere erschließen sich in ihrer stillen, zurückhaltenden Schönheit erst dem zweiten Blick des geduldigen Betrachters.

Die Bewohner dieser Refugien, Männer und Frauen aus aller Herren Länder, haben sich eine Insel auf der Insel geschaffen. Sie suchen die Abgeschiedenheit und möchten ihre Privatsphäre wahren. Im eigenen Landhaus läßt es sich ganz nach den eigenen Bedürfnissen leben, und viele der weitgereisten Neu-Bewohner Ibizas sind hier erst so richtig am Ziel ihrer Wünsche angekommen – und bei sich selbst. Einige haben die Nabelschnur für immer durchtrennt, die sie mit dem Leben in der Stadt verband, andere führen bewußt ein Doppelleben und gehen in der Stadt weiter ihren Geschäften nach.

Es ist im Grunde müßig, sich zu fragen, was das Besondere dieser kleinen Insel zwischen Europa und Afrika eigentlich ausmacht. Ibiza zieht seit Jahrzehnten die unterschiedlichsten Menschen aus aller Welt geradezu magnetisch an. Die Baleareninsel tut dies nicht nur aufgrund ihrer mediterranen Schönheit, sondern vor allem mit Hilfe eines archaischen, geheimnisvollen Zaubers, der ihrer roten Erde innezuwohnen scheint. Er verspricht all jenen, die bereit sind, sich ernsthaft auf die Insel einzulassen, die Verwirklichung ihres Ideals – des uralten Menschheitstraums vom Leben im Einklang mit sich und der Natur.

Die Zahl der Besucher, die von der *Isla Blanca*, der »weißen Insel«, für immer verzaubert waren und deren Leben sich dadurch von Grund auf verändert hat, ist groß: von den mythischen phönizischen Seefahrern über die arabischen Poeten mit den vielsagenden Beinamen »El Sabina« und »El

Ibiza« (über die der ibizenkische Kanoniker und Historiker Isidor Macabich erstmals in den 60er Jahren berichtet hat) bis zu den Ibiza-Liebhabern der jüngeren Vergangenheit wie den Architekten Erwin Brönner, José Lluis Sert und Germán Rodríguez Arias. Auch prominente Reisende wie der französische Schriftsteller Albert Camus, der deutsche Philosoph Walter Benjamin oder der spanische Poet Rafael Alberti blieben vom Charme der Insel für immer berührt.

Möglicherweise hat der ibizenkische Philosoph Toni Mari gar nicht so unrecht, wenn er vermutet, daß es der Abgeschiedenheit von sämtlichen Zentren der Zivilisation zu verdanken sei, daß die Traditionen in einer Art Dornröschenschlaf erhalten geblieben sind: »Vergangenheit und Jetzt wurden eins, und auch das herannahende Morgen verschmilzt mit der Vergangenheit der Insel.«

Die in diesem Buch vorgestellten Hausbesitzer sind Menschen, die ganz im Hier und Jetzt leben, aber trotzdem an diese Vergangenheit anknüpfen wollen, denn sie sind Naturliebhaber und nicht nur Sonnenanbeter wie die zahlreichen Touristen aus nordischen Gefilden. Die *residentes* (wie die auswärtigen Hausbesitzer auf Ibiza genannt werden) lieben die maritime und die ländliche Kultur. Sie genießen den Anblick des Meeres, der Boote, der Fische; sie lieben die Blumenpracht des Frühlings, die Olivenbäume, die Feigen und den Duft der Pinien im Herbst, das einfache Essen und den kräftigen Landwein. Sie schwärmen vom Morgengrauen und vom Sonnenuntergang, ja sogar von der ruhigen, kalten Strenge des Winters. Einfachheit und Luxus sind auf Ibiza keine Gegensätze.

Für die *residentes* ist der Traum von Ibiza auch ein Traum von Freiheit. Die kann hier – wie es die Vergangenheit gezeigt hat – teils sanft, teils mit zügelloser Gier ausgelebt werden. Die Insel scheint mit viel Großmut auf die unterschiedlichen Bedürfnisse ihrer Bewohner und Besucher einzugehen. Mehrere Generationen von *residentes* folgten in gleichbleibendem Rhythmus wie Ebbe und Flut aufeinander. Die verschiedenartigen Baustile, die sich heute noch in ihren *fincas* finden, spiegeln die kosmopolitische Vergangenheit der Bewohner ebenso wider wie die Geschichte der Architektur rund um das Mittelmeer.

Den *residentes* ist klar, daß der nicht abreißende Strom der Touristen die Insel gefährdet, und deshalb bemühen sie sich, den in ihrer Obhut befindlichen Grund und Boden zu hegen und zu pflegen. Sie sind jedoch zu sehr Individualisten, um sich aktiv einer Umweltschutzorganisation anzuschließen, die möglicherweise wirklich etwas bewegen könnte. Auch die Mehrzahl der

Ibizenker selbst hat sich (wie ihre politischen Vertreter) bislang wenig für den Erhalt der Umwelt engagiert. Das Zusammenleben der *residentes* mit den Ibizenkern hat sich als unproblematisch erwiesen – was sich nicht zuletzt der toleranten Grundhaltung der einheimischen Bevölkerung verdankt, die mit stoischer Gelassenheit auch die Hippies und die Sonnenanbeter, die Disco-Queens und Glamour-Sternchen ertragen hat.

Die hier vorgestellten Landhäuser sind angesichts der geringen geographischen Größe der Insel von überraschender Vielfalt. Ihre Gestaltungselemente sind ganz unterschiedlich – so wie ihre Besitzer. Und immer wieder wird sich die Persönlichkeit des Hauseigentümers in der Architektur seines Refugiums spiegeln.

Dieses Buch will die Mannigfaltigkeit der Träume, die die Insel der Tanit bei ihren Bewohnern hervorgerufen hat, vermitteln. Bei seiner Konzeption lag das Hauptproblem in der zwangsläufig willkürlichen Auswahl der Häuser und in dem Bestreben, trotz des begrenzten Platzes eine repräsentative Vielfalt präsentieren zu können. Es war die Absicht des Herausgebers, ohne ästhetische Scheuklappen den gesamten Facettenreichtum des ibizenkischen Traums vorzuführen.

Begleiten Sie uns also auf eine Reise durch die schönsten Landhäuser der Insel.

Lluís Domènech

Foto: Raymar

Ibiza – ein Inselpanorama

La Peña (Photo: Viñets)

Die Schätze der Insel

Lluís Domènech

Die Baleareninsel Ibiza besitzt viele Schätze. Da ist einmal die Insel selbst mit einer phantastischen Landschaft aus blauem Meer, roter Erde, gezackten Felsen und sonnenbeschienenen Obstgärten mit Orangen- und Aprikosenbäumen, Minze und Jasmin. Und da sind die Menschen, die hier seit Anbeginn der Weltgeschichte gelebt haben, die Bauern, Hirten und Fischer, denen diese Insel die Welt bedeutete. Und die hier, wie Antonio Colinas es formuliert hat, ihren »Lebensmittelpunkt« besaßen, fest verankert in »Verzicht und Selbstgenügsamkeit, Anstrengung und Passivität ebenso wie in heiterer Kontemplation«. Die dritte Kostbarkeit stellt eine Verbindung zwischen den beiden ersteren her. Es ist die reizvolle Architektur, das ländliche ibizenkische Haus: abgeschlossener Mikrokosmos und Daseinsmittelpunkt, Stätte des Lebens, der Arbeit und der Freizeit und somit Stätte der Wahrheit.

Albert Camus, der französische Schriftsteller, besuchte Ibiza 1935 und resümierte im Telegrammstil: »Ibiza, Bucht; Sa Peña, Festung. Santa Eulalia, der Strand, die Fiesta. Die Cafés am Hafen. Mauern aus Stein und Windmühlen auf dem Land.«

Die enge Verbundenheit von Landschaft und Leben griff auch der spanische Lyriker Rafael Alberti, der zu Beginn des Spanischen Bürgerkriegs eine Zeitlang auf Ibiza lebte, in seinem Werk auf:

Komm' wieder, unerschöpfliches
Wunder der alten Olivenbäume.
Deine Wurzeln umarmen mich von neuem
und ziehen mich ins Grab,
das dem Himmel seine Einsamkeit klagt.
Ich möchte euch berühren, heilige, unbesiegbare
Feigenbäume,
die ihr euch neigt unter der Last der Früchte, nicht vor
Müdigkeit.
Laßt mich bewegungslos in der engen Dunkelheit
eurer luftigen Schlafkammer gar friedlich träumen.

Eine sehr plastische Beschreibung der Schätze Ibizas ist auch von einem arabisch-ibizenkischen Geographen namens Al-Makkari überliefert: »Ibiza versorgt einen Großteil Afrikas mit Salz und Brennholz. Die Insel ist dicht besiedelt, und ihre Bewohner sind fleißige Arbeiter: Sie bauen alle Arten von Getreide, Gemüse und Früchten an, nur die Wolle liefernden Haustiere wollen sich nicht so recht vermehren. Statt dessen hält man Ziegen, deren Fleisch gegessen wird. Trauben, Mandeln und Feigen werden hier geerntet und auf die

Nachbarinsel Mallorca ausgeführt. Auf Ibiza gibt es keine Oliven, weil sie hier unbekannt sind; das Olivenöl kommt aus Andalusien. Da die Insel große Waldbestände hat, ist der wichtigste Gewerbezweig die Gewinnung von Holzkohle, die bis nach Barcelona und in andere Mittelmeerhäfen verschifft wird.«

Später, im 15. Jahrhundert, gerät der Mittelmeerraum mit Entdeckung der transatlantischen Schiffsrouten für längere Zeit ins Abseits, und Ibiza dämmerte im Zustand des Niedergangs vor sich hin – eine Zeit, in der sich die Bewohner genötigt sahen, ihre Insel auch zu verteidigen. So schrieb der ibizenkische Dichter Marià Villangómez:

Diese Menschen kämpften.
Will sagen, schon die Großväter der Großväter.
Und auch auf diesen Feldern wird noch Blut gesät.
Die grobe Hand ergriff den Rechen und die Waffe,
um zu verteidigen das Leben, die Ernte, die magere Habe.
Bauern und Soldaten, alle einte das gemeinsame Ziel:
Zu schlagen den Pflug in die Erde oder das Schwert in den Feind.
Sie trugen diese Jahrhunderte in ihrem Innersten,
Den bewaffneten Angriff und die feindliche Dürre.
Vom Meer her kam der Sturm,
und das Schiff des Feindes entschwand wie eine Wolke.

Bis weit ins 20. Jahrhundert hielt die ausgewogene Wechselbeziehung zwischen der Insel, dem Menschen und der Hauptstadt an. Albert Camus, vollkommen geblendet von der Schönheit der Insel, verabschiedete sich mit den Worten: »Auf Ibiza habe ich tagtäglich in den Cafés am Hafen gesessen. Gegen fünf Uhr nachmittags erschien das junge Volk und spazierte in zwei Reihen die Mole entlang. Hier entstanden Ehen; hier spielte sich das ganze Leben ab. Der Gedanke drängte sich mir plötzlich auf, welche Würde doch daran liegt, das Leben so zu beginnen, im Reigen vor allen anderen! Danach mußte ich mich setzen, denn die helle Sonne des Tages blendete mich und ließ mich taumeln, gesättigt vom Anblick weißer Kirchen, gekalkter Mauern, trockener Felder und der Olivenbäume. Ich nahm ein reichlich süßes Erfrischungsgetränk zu mir und betrachtete die geschwungene Silhouette der Berge, die sich vor mir ausstreckten und sanft ins Meer abfielen. Der Sonnenuntergang war beinahe grünlich. Auf dem Hügel setzte ein letzter Windstoß die Flügel einer Windmühle in Bewegung. Und dann geschah es: Wie durch ein Naturereignis senkten alle die Stimme, und dann gab es nichts mehr als den Himmel und jenen gemurmelten Gesang aus Worten, der nach oben stieg, aber dennoch so klang, als käme er aus weiter Ferne. Und für einen flüchtigen Moment in jener Abenddämmerung lag eine Melancholie, eine Stimmung der Vergänglichkeit und des Zaubers nicht nur über einem einzelnen Menschen, sondern über dem ganzen Ort. Ich für meinen Teil war plötzlich überwältigt von dem Wunsch nach Liebe, wie man auch urplötzlich einen Hang zum Weinen empfinden mag. Von da an erschien mir jede Stunde Schlaf verschwendet und dem Leben geraubt.«

Und die Dichterin María Teresa León, die zusammen mit Rafael Alberti nach Ibiza gekommen war, rief aus: »Es ist wohl kaum möglich, eine Lebenserinnerung noch mehr zu lieben als die unsere an jene Stunden ... Ibiza – mein Gott, nie bin ich so glücklich gewesen ...! Ach, könnten wir uns doch alle auf der schönsten Insel der Welt zusammenfinden.« Nicht weniger erfüllt fiel die Hommage an die Insel von Rafael Alberti selbst aus:

Mühle, wohin führt mich dein Mühlrad?
Du bist doch keine Windmühle.
Schwarze und weiße Segel
Muß eine Windmühle haben.
Insel der blauen Pinien,
Insel der Feigenbäume,
blau liegt Ibiza vor mir.
Dort war ich gefangen
auf einem Pinienhügel.
Mein Leben eine Hütte
zum Schutz vor Sonne und Seewinden.

Aus der Gegenwart stammen die Verse des ibizenkischen Philosophen Toni Marí über die ungebrochene Kraft der ibizenkischen Scholle und die heilsame Wirkung ursprünglicher Natur:

Und wir haben die Stille gesehen.
Und wir haben gesehen, wie in der Stille
Die Ahnungen wuchsen,
wie der Vogel wuchs,
wie die Bäume und die Häuser wuchsen,
wie die Stadt und der Traum wuchsen,
wie alles wuchs.

Die Insel Ibiza ist Lebensspenderin, denn der aus der Erde, dem Sonnenlicht und dem Mondschein entspringende Zauber überträgt sich auf den Menschen. Noch einmal Rafael Alberti:

Es sind die Wälder, die Wälder, die nun wiederkehren!
Jene Wälder,
in denen überquellende Liebe sich im Dornbusch stach,
und wie ein glücklicher Bach war, voll mit
kleinen Sternchen aus süßestem Blut!
... jene Nächte, in denen die Liebe so brannte
wie der einzige Gott, der in den Wäldern hauste.

Alles war Feuer zu jener Zeit. Es brannte
der Strand um dich herum. Durch
schimmernde Scherben betrachteten wir verkleinert
die Algen, Muscheln, Steine, die die Brandung dir
entgegenspülte.

Vorbei ist der Halbschlaf der blauen Stunde,
mit dem die weite Insel uns in den Schlaf wiegte.
Venus, selbst noch halb im Schlaf, weckt dich,
am letzten Zufluchtspunkt der Schiffe,
und du selber singst wie ein Hafen,
verliebt in Segel und Masten.

Glänzend hat Alberti jenen Aspekt der Erdverbundenheit eingefangen, den Tanit, Venus oder welche Göttin auch immer so mildtätig über die Insel verteilten. Eine andere Wahl-Ibizenkerin, die Schweizer Malerin

und Schriftstellerin Cilette Ofaire, gelangte im Jahre 1936 mit ihrer Yacht »L'Ismé« hierher und blieb trotz des Bürgerkriegs auf Ibiza. Ihre Erfahrung faßt sie folgendermaßen zusammen:

Später sprach eine Stimme:
- Es genügt zu leben.
Und eine andere:
- Es genügt zu arbeiten.
Draußen sang eine Amsel.

Das ibizenkische Landhaus beruht auf einer über Jahrhunderte gewachsenen puristischen Wechselwirkung zwischen den Faktoren Funktion, Bauweise und Form. Zu Beginn des 20. Jahrhunderts brachte die Krise der bürgerlichen Kunst und damit auch der Architektur der Epoche einige kreative Köpfe angesichts der herrschenden Orientierungslosigkeit auf die Idee, die volkstümliche ibizenkische Bauweise als ethisches Vorbild für eine totale Erneuerung zu nehmen. José Lluis Sert erinnert sich, wie der Anstoß dazu von dem deutschen Architekten Erwin Brönner kam, der im Jahre 1933 nach Ibiza gegangen war: »Im Jahre 1933 setzte sich ein junger deutscher Architekt mit unserer Gruppe GATCPAC in Barcelona in Verbindung. Er schrieb uns von der damals noch nahezu unbekannten Insel Ibiza und übersandte uns eine Reihe von Fotografien und Bauplänen. Sie waren für uns die reinste Offenbarung. Die Fotografien zeigten ibizenkische Gehöfte und Kirchen von einzigartiger Schönheit und Schlichtheit. Die präzisen und mit Randbe-

merkungen versehenen Pläne waren wirklich mit höchster Sorgfalt gezeichnet. Brönner [...] hatte uns eine Botschaft der Verbrüderung übersandt. Und wir hatten somit einen unbekannten Freund und Mitstreiter gefunden, der ebenso wie wir einen neuen Weg und neue Horizonte suchte, die uns diese dörfliche, stil- und epochenfreie Architektur erschloß.«

Erde und Architektur verschmelzen organisch miteinander, und Sert erklärt: »Die ländlichen Häuser werden mit Mauern aus trocken gefügten Steinen verlängert, die meist von weißer Tünche gekrönt sind. Es ist gerade so, als hätte jedes Haus ein kilometerlanges Wurzelwerk aus Stein, das zu den Landschaftselementen der Insel zählt, denn es gibt ja nicht nur die Architektur des Hauses, sondern auch eine Architektur der Landschaft.«

Analytischer, doch gleichwohl völlig fasziniert, schreibt Walter Benjamin 1932 in einem Brief an Gretel Adorno: »Die Bewohner der Insel schotten sich durch eine erfindungsreiche Aufteilung des Raumes und durch Mauern von fast einem Meter Dicke, die weder Lärm noch Hitze durchlassen, voneinander ab.«

Die althergebrachte enge Verbindung des ländlichen ibizenkischen Hauses mit seiner Umgebung hat zu den vielfältigsten mythischen Interpretationen Anlaß gegeben. Alain Thiébaut bietet uns eine der schönsten:

»Der Architekt des Altertums verwendet viel Aufmerksamkeit auf die Positionierung des Hauses im Gelände und auf die Kräfte

der Natur: die Sonne, den Wind, den Lauf des Wassers. Er versucht, die richtige Stelle zu finden, wo der Brunnen gegraben werden muß. Er beachtet die Vegetation, die Fährten der Tiere, die Beschaffenheit des Bodens. Vielleicht versucht er sogar, die Kraftfelder der Erdkruste zu finden, die tellurischen Energieströme, ihre Schnittpunkte und Bruchstellen auszumachen. Dazu studiert er die Lieblingsplätze von Tieren, die für ihre Empfänglichkeit gegenüber solchen Einflüssen bekannt sind. So richtet er das Augenmerk auf die Weiden der Haustiere, auf den Bau eines Wildtieres, auf das Nest eines Vogels. Wurde auf diese Weise nicht auch der Standort Karthagos von der Königin Dido auserwählt, die beobachtet hatte, daß ihre Ochsen einen Lieblingsplatz besaßen, um sich zur Ruhe zu legen?«

Philippe Rotthier beschreibt das Phänomen treffsicher mit den folgenden Worten: »Das typische Haus Ibizas ist durch die ständige Reproduktion bestimmter bewährter Elemente im Laufe der Zeit entstanden. Elemente, die durch die säkulare Erfahrung mit einem angepaßten und perfektionierten, in je-

dem Falle aber respektierten Ökosystem stetig verbessert wurden. Es handelt sich hier um die perfekte Symbiose zwischen Produktionsweise und Produktionsmitteln. Die Bestandsaufnahme des ländlichen ibizenkischen Hauses ist daher leicht. Sind doch Gestalt und Technik das Ergebnis des stereotypen Gebrauchs ein- und desselben Materials unter Einsatz stets gleicher Mittel und Formen. Die anhaltende Wiederholung stets gleicher Muster bringt ein umfangreiches technisches Wissen, vor allem aber auch eine Art Liturgie hervor, da man sich in den archaischen Gesellschaften in erster Linie nach den Grundsätzen des Glaubens richtete.«

Anmerkung

Die Zitate aus diesem Vorwort sind zum Großteil folgenden Werken entnommen: Baltasar Porcel, *Viatge a las Balears Menors*; Antonia Colinas, *Rafael Alberti en Ibiza; Monografía Erwin Brönner* (Revista D'A. Ibiza); Antonio Colinas/Toni Pomar, *La Nave de Piedra; Arquitecturas de Ph. Rotthier (AAM);* Phillippe Rotthier, *El palau pagés.*

Can Lluquí
verankert in der Zeit

Die Statue des Fürsten Gudea von Lagasch, eines der bedeutendsten Stücke in der Sammlung des Pariser Louvre, beeindruckt durch die Regung eines tiefgründigen Innenlebens, das hinter der vordergründigen Ausdruckslosigkeit und der zur Schau getragenen Feierlichkeit zum Vorschein kommt. Der Fürst, der größte aller Sumerer, war Würdenträger und Gelehrter; er wußte, wann das Saatgut auszubringen und die Ernte einzufahren war, verstand sich darauf, Häuser zu bauen und die richtigen höheren Mächte anzurufen, um die Handlungen der Menschen mit dem kosmischen Willen in Einklang zu bringen. In seinen Händen hält Gudea eine Waage. Sie dient ihm dazu – in einem der ältesten Versuche der Menschheit, Gerechtigkeit im Sinne der Natur walten zu lassen –, gültige Gesetze auf sämtlichen Gebieten zu erlassen: in der Geometrie, in der Ethik, im Handel etc.

Kulturforscher haben das ländliche ibizenkische Erbe der Insel mit den komplexen Linien der Welt- und Kulturgeschichte in Verbindung gebracht und dabei festgestellt, daß diese Linien, deren Gesamtheit die Geschichte seit Beginn des zivilisierten Lebens auf der Erde ausmacht, ab dem Jahre 5000 v. Chr. großflächig auf dem 40. Breitengrad zusammenliefen. Die entschiedensten Bürgen dieser Kultur auf Ibiza wären die phönizischen Seefahrer. Rolph Blakstad hat in seinen Werken über 30 Jahre hinweg immer wieder die wunderbare Erhaltung dieser Kultur aufgezeigt, die nicht als Reliquie, sondern als lebendige Struktur bis in unsere Tage überdauert hat.

In dem Tal, das von der 400 m hohen Erhebung des Fornás sanft in südlicher Richtung abfällt und die Häuser

von Morna beherbergt, ist es kaum möglich, nicht an den weisen König zu denken, so gut sind Standort, Ausrichtung, Einrichtung und Bau der Häuser geplant. Darin gleichen diese Gebäude den Bauten von Sumer ebenso wie denjenigen im marokkanischen Atlasgebirge, im tibetanischen Ladakh oder in den jemenitischen Tälern – so groß die Entfernung zwischen diesen Orten auch sein mag. Sie sind wie lange nachwirkende Worte der Gudeas dieser Welt, die bis in die Herzen der Menschen gelangten.

Die Vorderansicht von Can Lluquí betont den strengen, archaischen Charakter des ibizenkischen Hauses. Im weiteren Verlauf paßt sich der Baukörper (nachfolgende Doppelseite) organisch den Bedürfnissen des alltäglichen Wohnens an.

Bei Can Lluquí, das mit seinen beiden Nachbarhäusern eine Art Dreieck bildet, handelt es sich um eines der besterhaltenen Beispiele ländlicher ibizenkischer Baukunst. Dank der liebevollen Restaurationsbemühungen des anderen großen Spezialisten für ibizenkische Baukunst, des belgischen Architekten Philippe Rotthier, ist Can Lluquí heute wiederhergestellt und beeindruckt gleichermaßen durch die Strenge der Konzeption wie durch seine majestätische Erscheinung.

Die typischen Häuser des ländlichen Ibiza sind mit der Vorderseite auf das maximale Gefälle der südlichen Talseite ausgerichtet. Aufgrund der Logik der Topographie gelangt man fast immer von der Seite her in das Haus hinein. Johannisbrot-, Feigen- und Mandelbäume verdecken zunächst zur Hälfte den weißen Komplex von Can Lluquí. Mit jedem weiteren Schritt erschließt sich das Gebäude nach und nach in seinen ganzen Ausmaßen. Eigentlich macht nur der hintere Mittelteil der aneinandergereihten weißen Würfel das ursprüngliche Haus aus. Das Vorderprofil setzt sich aus der Umgrenzung des Innenhofes sowie aus im nachhinein hinzugesetzten Würfeln zusammen. Obwohl die einzelnen Häuschen gar nicht so groß sind, sorgt diese Reihung dafür, daß der Eindruck einer dichten Bebauung des Geländes und einer gewissen majestätischen Würde der Anlage entsteht.

Dieser erste Eindruck, den die Vorderansicht des in der Talsohle am Fuß eines Pinienhains gelegenen Hauses gewährt, erweckt die Assoziation eines streng durchkomponierten Musikstückes wie beispielsweise einer Fuge von Johann Sebastian Bach. Langsam erkennt man, daß das Haus außer seiner durch die typische Nord-Süd-Ausrichtung bestimmten Grundmodulation noch eine zweite, kontrapunktische Melodie aufweist, die durch das leichte Ost-West-Gefälle hervorgerufen wird. Der Nordteil des Hauses scheint auf der Suche nach Schutz vor den eisigen Winden an den Felshang geduckt; der Südteil streckt sich freier der Sonne entgegen. Wie in der Nachahmung eines Wiegeschrittes ist der Bereich um die Küche leicht angehoben, was aber sofort sein Gegengewicht in der Höhe des Türmchens mit seinem kleinen Mittelfenster findet. Gleichzeitig wird die exponierte Lage desselben durch das Halbdunkel der Terrasse oberhalb der Küche wieder

ein wenig abgemildert, ebenso wie die Rückstrahlung des weißen Mauerwerkes durch Bougainvilleen und Glyzinien eine Dämpfung erfährt. Und so gelangen wir in die *sala*, den rechteckigen Aufenthaltsraum, der immer die gleichen Proportionen im Verhältnis zu seiner Ausrichtung aufweist. Er ist die urtümliche Mutterzelle des ibizenkischen Hauses, an die man je nach Notwendigkeit noch mehr Würfel ansetzen kann. Von besonderer Bedeutung sind die beiden hinteren Würfel: Es sind immer zwei in symbolisch unveränderlicher Lage.

Immer stärker wird das musikalische Thema der Bach-Melodie nun aufgelöst. Die *sala* wird zum Speiseraum hin verlängert, der im Schutze des Schornsteins bzw. Glockenturms gelegen ist, und erfährt dabei einen kleinen Höhenunterschied. Die zweite Stirnfläche entfaltet sich mittels einer schmalen Treppe, deren oberster Absatz auf halber Höhe der *sala* gelegen ist. Der Lichteinfall von oben auf beide Stirnflächen läßt die magische Textur des Mauerwerks erahnen.

Philippe Rotthier hat all dies in einer Arbeit erschlossen, die man nicht

Treppen und versetzte Ebenen gliedern das Innere des ibizenkischen Landhauses.

durch bloße Restauration und noch viel weniger durch geistiges Plagiat erreichen kann. Vielmehr bedarf es der Tugend des sanften Einfühlens, die ein Architekt nur durch schweigendes Beobachten und Meditieren über die Örtlichkeit erlangen kann. Er muß bereit sein, sich vom Rauschen des Windes und dem in einem einfallenden Lichtstrahl tanzenden Goldstaub eine Geschichte erzählen zu lassen.

Das Haus im Olivenhain

Auch wenn es unbestritten ganz unterschiedliche Möglichkeiten gibt, den Umbau eines alten Hauses auf Ibiza anzugehen, dürfte der Gebrauch eines Geigerzählers zu Beginn der Arbeiten wohl kaum zu den gängigsten Methoden zählen. Nun war es nicht so, daß man irgendeine radioaktiv verstrahlte, im Erdreich vergessene oder vergrabene Materie vermutet hätte. Der Grund für diese Suchaktion war von feinerer Natur: Es ging nämlich um das Auffinden elektromagnetischer Felder, derer es – so meinten die Bauherren – im Unterboden der Insel zahlreiche gibt. Ziel der Aktion war natürlich das Aufspüren von Energiefeldern mit »positiver Wirkung«. Auftraggeber war ein Paar, das seit vielen Jahren hier lebte und das alte Haus nun zu vergrößern gedachte. Man wünschte weitere Zimmer für die vielen Freunde und Familienangehörigen zu schaffen und plante auch einen neuen Pavillon für das eigene Schlafzimmer.

Der Hausherr ist ein italienischer Architekt und gehört zu jener Generation, die in den 50er und 60er Jahren im eigenen Land noch das Aufblühen der beeindruckendsten Architektur ganz Europas mitverfolgen konnte. Er verkörpert den Typ des Norditalieners mit stark mitteleuropäischen Zügen – mit stahlblauen Augen, hoher Stirn und einer wissenden, von Melancholie geprägten Stimme.

Sie dagegen ist die »klassische« Italienerin, mit überschäumendem Temperament und einer zur Schau getragenen Sensibilität. Letztere hat sie dazu bewogen, ganz in der Tradition eines Naum Gabo oder eines Brancusi der Bildhauerkunst zu frönen. All dies aber wird kontrolliert durch einen ausgeprägten häuslichen Pragmatismus. Außerdem ist sie überzeugte Anhängerin der Theorien des Elektromagnetismus: Ihrer Meinung nach wimmelt der gesamte Untergrund Ibizas nur so von beeinflussenden Strahlungen, so daß es nun gilt, die guten zu nutzen und die schlechten zu meiden. Die schlechten, meint sie, befinden sich an Bruchstellen, an denen Radongas austritt, während die »guten« Strahlungen an bestimmten Schnittstellen elektromagnetischer Felder zu lokalisieren seien. Der Suche nach diesen positiven Kraftfeldern hat sie sich die letzten Jahre über verschrieben – in der Absicht, das geplante neue Schlafzimmer exakt dort anzusiedeln, wo die »good vibrations« wirken.

Daß im Dialog zwischen einer so anspruchsvollen Klientel und dem nachsichtigen Architekten die Funken gesprüht haben, kann man sich leicht vorstellen. Es sollte sich nämlich schon sehr bald herausstellen, daß der vertrackte Idealpunkt mehrere Dutzend Meter von dem alten Haus, in dem sie lebten, entfernt lag. Es war nun an dem Architekten, eine brauchbare Strategie zu ersinnen, auf ebenso logische wie harmonische Weise eine Verbindung zwischen beiden Teilen zu schaffen. Die Lösung lag schließlich darin, den unvermeid-

lich gewordenen Verbindungsgang als exquisite Kunstgalerie auszugestalten, deren Wände die Bilder des Großvaters des Architekten zieren sollten. Die Werke des renommierten italienischen Kunstmalers verstaubten bis dato in einer Mailänder Villa, ohne daß jemand dafür Interesse gezeigt hatte.

Doch unabhängig von der schönen Anekdote handelt es sich bei diesem Haus wirklich um ein gelungenes Beispiel der Vermittlung zwischen der herkömmlichen Bauweise eines Volkes und einer modernen Schöpfung. Die Kunst besteht darin zu berücksichtigen, daß die alten ibizenkischen Häuser auf eigentümlichste Art und Weise – nämlich durch Proportionen, Ausrichtung und Angleichung an Höhenunterschiede des Geländes – in der Umgebung verankert sind. So ist ihre Form ›vollendet‹, weist aber gleichzeitig eine ›offene Stelle‹ für Anbauten jeglicher Art je nach Notwendigkeit auf. Solche Erweiterungen sind paradoxerweise ohne Einbußen in der architektonischen Perfektion möglich.

Im Fall des italienischen Architekten bestand die Aufgabe darin, ein modernes Gebäude zu errichten, ohne das Bild der umliegenden Land-

schaft zu beeinträchtigen. Die exponierte Hanglage dieses Hauses oberhalb einer Ebene erforderte sehr stark ausgereifte Überlegungen. Hier befindet sich nämlich eines der letzten Felder Ibizas mit schönen alten Olivenbäumen. Die frische Meeresbrise von Es Cubells neigt sie in Gebirgsrichtung, also zur Sierre de la Murtra, die die kalten Nordwinde vom Grundstück abhält.

Das alte Haus wächst treppenförmig in Richtung Süden. Seine verschiedenen Teile werden heute ebenso zum Wohnen wie zum Arbeiten genutzt. So hat der Architekt hier beispielsweise sein Studio eingerichtet. Die traditionelle Inselarchitektur ist somit eine ebenso intelligente wie harmonische Verbindung mit dem ausgereiften Mailänder Entwurf eingegangen.

Seite 35–37:
Im Inneren dieses Hauses gehen traditionelle, landestypische Elemente und modernes Design eine harmonische Verbindung ein.

Rechts:
Die unterirdische Verbindung zwischen der Kunstgalerie und dem Schlafzimmer.

Oben:
Der »Trull«, die traditionelle ibizenkische Ölpresse, nimmt in den Nebenräumen des Haupthauses einen prominenten Platz ein.

Der neue Flügel erfuhr übrigens eine radikalere Behandlung: So ist die Bildergalerie, die das alte Haus mit dem neuen, abseits gelegenen Schlafzimmer verbindet, unterirdisch angelegt. Der Lichteinfall erfolgt von oben her beziehungsweise durch einen geschickt freigelegten Innenhof. Auch das neue Schlafzimmer selbst wurde zum Teil abgesenkt, wobei der Höhenunterschied des Geländes geradezu spielerisch berücksichtigt ist. Nur das Dach schaut als freies plastisches Element einem »objet trouvé« gleich keck inmitten der Olivenbäume hervor.

Unter dem mächtigsten dieser knorrigen, alten Olivenbäume führt ein glückliches Paar seinen freundschaftlichen Dialog fort, oder besser ausgedrückt, wird ein weiblicher Monolog zelebriert, der gelegentlich von dahingemurmelten männlichen Einwürfen unterbrochen wird.

Der lange Gang, der das alte Anwesen mit dem neuen Schlafzimmertrakt verbindet, wird als Kunstgalerie genutzt. Das beheizte Schwimmbad wirkt wie ein in die Erde abgesenkte Grotte und öffnet sich über Eck in den Garten.

Can Novell

Das Wort *blau* bezeichnet sowohl im Deutschen als auch im Katalanischen (bzw. im Ibizenkischen) die tiefe Farbe des leuchtenden Mittelmeeres. Dieser Farbe hat sich die Eigentümerin des Hauses, eine deutsche Künstlerin, bedient, um ihre Variation eines altbekannten Themas auszudrücken: den Sieg der Vernunft über Vorurteil und Intoleranz.

Zusammen mit ihrem Ehemann, einem Geschäftsmann, und zwei Kindern hütet sie hier die Privatsphäre der Familie – im bewußten Gegensatz zum aufreibenden Stadtleben in Berlin, wo die Familie nach wie vor einen Teil des Jahres verbringt.

Nur einige wenige Freunde werden ab und an in dieser Idylle willkommengeheißen. Schon seit 1982 lebt die deutsche Familie auf Ibiza; 1986 erwarb sie dieses aus zwei Häusern bestehende Anwesen zweier einheimischer Brüder. Die einstige Dualität der Immobilie prägt unübersehbar auch das durch die Renovierung neuentstandene Gebäude, das durch zusätzlich Bauten und die Einrichtung eines Künstlerateliers noch an Charme und Esprit gewonnen hat.

Wer das bipolare Wechselspiel des Hauses begreifen möchte, muß auch die starken und sehr gegensätzlichen

Persönlichkeiten seiner Bewohner in die Betrachtung einbeziehen. Er ist der aktive, schaffensfreudige Teil, der unbeschwert den Zauber der ibizenkischen Landschaft genießt. Sie ist in den Kokon lang anhaltender, existentieller Metamorphosen eingesponnen, deren Ergebnis das exquisite, wenn auch mitunter stark verklausulierte künstlerische Werk ist.

Zentimeter für Zentimeter spiegelt das Interieur des Hauses den Versuch wider, den zum Teil explosiv unterschiedlichen Temperamenten seiner Bewohner gleichermaßen gerecht zu werden. So trifft man hier auf eine Anhäufung verschiedenster Objekte, Formen und Stilrichtungen, die ebenso den Stempel einer manischen Sammlerfreude wie den einer grüblerischen Einsiedlernatur tragen, die hier ihre geistig-seelischen Metamorphosen durchläuft. Aufschlußreich für die ambivalente Beziehung zu den Dingen sind die Lampen aus Muranoglas, die beiden Partnern kostbar sind: Während er Gefallen an ihrer technisch vollendeten Machart und an

Vorhergehende Seiten:
Die spielerische Verschachtelung der Baukörper von Can Novell ist typisch für den mediterranen Baustil und entsteht aus dem Wechselspiel von kompositorischer Freiheit mit der Verwendung festgelegter Elemente.

ihrem materiellen Wert findet, hat sie sich in den matten Schimmer ihrer wechselnden Farbpalette und in eine, wie sie meint, dem Gegenstand innewohnende, vage Melancholie verliebt.

Ein weiterer Grund für die heterogene Vielfalt der Dinge sind die bewußt oder unbewußt hinterlassenen Spuren von Aufenthalten in Berlin, Großbritannien, Italien und New York. In dieser stilistischen Beliebigkeit zeigt sich eine kosmopolitische Unordnung, ein buntscheckiges Flickwerk, das die Schöpfung in all ihren schillernden Daseinsformen widerspiegelt. Klar zu erkennen bleibt auch die expressionistische Ausrichtung der Künstlerin, die Versatzstücke aus ihrer alten Welt der »Neuen Wilden« in ihre neue Welt hinübergerettet hat.

Fester Bezugspunkt für das von soviel Unruhe beanspruchte Auge ist und bleibt die durch sämtliche Türen und Fenster aufscheinende, stets beruhigende Kulisse der Landschaft Ibizas – die sanft gewellten Hügel, die das Landschaftsbild rings um Santa Eulalia prägen, die ockerfarbenen und rötlichen Felder, die Johannisbrot-, Mandel- und Feigenbäume und schließlich, über den grünen Wipfeln der Pinien in der Ferne, die graublaue Linie des Horizonts über dem Mittelmeer.

Die Überlagerung verschiedener Stile und der kreative Umgang mit Anspielungen und Zitaten sind die Merkmale von Can Novell.

Schon wegen seiner Vorgeschichte ist die Grundstruktur des Hauses ausgesprochen komplex. Gab es hier doch ehemals zwei Häuser mit zwei separaten Kernen, einer unterschiedlichen Baugeschichte durch Hinzufügen weiterer Würfel sowie ein mehr oder weniger zufälliges Zusammenwachsen der Gebäude an der Peripherie. So bildet heute das westlich auf dem Baugelände gelegene Haus den soliden Kern, während sich das andere Haus gemäß seiner eigenen Logik treppenförmig von Norden nach Süden ausbreitet, mit den ehemaligen Ställen als Verlängerung. In diesem räumlich klar gegliederten Teil des Anwesens sind heute die Gästezimmer untergebracht. Der wichtigste Raum des westlichen Hauses ist jedoch der *trull* (katalanisch: Ölpresse), wie der große, barocke und ganz in rot gehaltene Wohnraum nach seiner ursprünglichen Funktion noch heute genannt wird. Im Ostteil des alten Gefüges schließt sich ein neu erbauter Gebäudeflügel an. Er enthält den großen Salon mit bemaltem Deckengewölbe und Ziersäulen, die auf den Laubengang hinausführen.

Bodenfliesen, Bildfenster, bemaltes Mauerwerk, Möbel und diverse Objekte fügen sich hier zu einer bunten und höchst lebendigen Kulisse zusammen, die erneut Aufschluß über die Vorstellungswelt der Künstlerin gibt. Morbide, lediglich angedeutete Pinselstriche vereinen sich in den Werken der Künstlerin mit Fragmenten der täglichen Realität zu kosmischen Collagen: »In meinen figürlichen Darstellungen, in den Gesichtern, den Körpern, scheint nichts von Dauer zu sein. So entsteht ein malerischer Gestus, der die Gesichtszüge entstellt und zugleich eine untrennbare und versöhnliche Einheit zwischen Figur und Oberfläche herstellt.«

Die schöpferische Phantasie der Hausherrin verwirklicht sich in jedem Winkel des Anwesens.

Die Vielzahl der verschiedenen Außenräume, die die Möglichkeit zu unterschiedlicher Nutzung bietet, verdankt sich der Verschmelzung zweier alter Häuser sowie der Gestaltungsfreiheit der traditionellen ibizenkischen Architektur.

Can Pere Jaume
Metamorphosen

In der Biegung des kleinen Flusses von Santa Eulalia, kurz vor der Mündung ins Meer, erhebt sich vor der Kulisse des hoch aufragenden Kirchbergs Puig de Missa das Anwesen Can Pere Jaume. Das alte Haus gehörte einst zwei Brüdern, deren Namen es noch heute trägt. Wie die übrigen im Sommer meist trockenfallenden Bachbetten der Insel ist diese Zone sehr fruchtbar und an dem Schilf zu erkennen, das seit jeher als Baumaterial oder zur Herstellung der inseltypischen Korbwaren genutzt wird. Aus dem Ried steigt ein sanfter, von einzelnen Johannisbrotbäumen bewachsener Hügel hervor. Er trägt den Bau, dessen oberstes Stockwerk als markanten Blickfang ein dreifaches Bogenwerk aufweist.

Im Jahre 1980 erwarb Grillo Demo dieses Haus, um hier nach einem jahrelangen Zigeunerleben, das ihn aus seinem Heimatland Argentinien nach New York, London, Paris und Mailand geführt hatte, zur Ruhe zu kommen.

Grillo setzte einen Prozeß der völligen Umgestaltung des Hauses in Gang. Er ließ sich dabei einerseits von Liebe und Verständnis für die traditionelle ibizenkische Architektur leiten, andererseits aber auch von dem kaum zu unterdrückenden Wunsch nach eigener kreativer Einflußnahme. Als Künstler ist Grillo keinesfalls auf ein einziges Gebiet beschränkt; sein interdisziplinäres Werk umfaßt ebenso die Malerei wie den Entwurf von Objekten, die bereits durch ihr ausgeprägt plastisches Design bildhauerischen

Grillo Demos ausufernde Phantasie und Kreativität finden überall im Haus ihren plastischen Ausdruck.

Seite 54:
Das mediterrane Klima Ibizas ermöglicht fließende, manchmal auch absichtsvoll unvermittelte Übergänge zwischen Innen- und Außenraum.

Charakter annehmen. Der Künstler begann damit, das Spinnennetz seines Schaffens quer durch den Garten zu spannen und ganz bewußt Farben, Formen und vor allem den Duft der typischen Mittelmeerpflanzen einzusetzen: Bougainvilleen, die bald zum obersten Gestaltungselement des Hauses wurden, Mimosen, die im Februar regieren, wenn der Frühling noch weit entfernt ist, Rosen und vor allem jegliche Arten von Jasmin umwucherten bald das Haus, verbanden sich mit dem Mauerwerk der alten Ställe oder eroberten den Innenhof. Sein Ziel war es, das Haus mit der Natur zu verschmelzen und ein Ambiente zu schaffen, in dem die Trennung der Innen- und Außenbereiche praktisch nicht mehr möglich sein sollte.

So wurden klar zum Außenbereich zählende Teile wie der Laubengang und die obere Terrasse mit dem Komfort eines Salons versehen, während im Inneren des Hauses reale oder imaginäre Brücken zur Natur geschlagen wurden. Diese Brücken entstanden entweder durch Fenster oder durch von Grillo Demo selbst gemalte, große Wandbilder mit ländlichen oder maritimen Szenen. In der Küche, einem großzügig angelegten und konventionell gefliesten Raum,

hat Grillo auf einige Kacheln als Trompe-l'œil Fenster aufgemalt, in denen bunte Fische schwimmen. Im Empfangsraum wiederholt sich auf unzähligen Wandgemälden immer wieder das arkadische Symbol goldener Weizengarben.

Schon von klein auf verspürte Demo den Drang, reale Eindrücke einzufangen und in verschiedenen Gestaltungsformen wiederzugeben. Mit der unendlichen Vielfalt an visuellen Eindrücken, die seine Netzhaut während der Jahre seiner Wanderexistenz zu verarbeiten hatte, füllte er Seite um Seite seiner »Reise-Skizzenbücher«, die er uns stolz lächelnd vorlegt. Hier finden sich die Ursprünge aller seiner späteren Werke. Viele Stunden des Wartens auf Flughäfen haben darin Eingang gefunden und sich als Reflexionen über die Form an sich – darunter Variationen über die Deformation von Realität, Traumbilder, Montagen, falsche Perspektiven und vieles mehr – niedergeschlagen.

So verwundert es kaum, daß auch die Wände seines Hauses als gigantisches Skizzenbuch herhalten müssen, in dem sich die überschäumende Phantasie in Form von dahingekritzelten Randbemerkungen, Pinselstrichen und aufgestellten Objekten höchst dekorativ manifestiert.

Vor diesem Hintergrund finden sich eine Reihe von Möbeln und Objekten, die nicht nur für atmosphärische Behaglichkeit, sondern auch ganz funktional für Bequemlichkeit sorgen sollen: Teppiche, Kissen, Chaiselongues, Holztische und -stühle sowie Altarkerzen – viele Altarkerzen, die die Assoziation an den Ritus im Stile des »sevillanischen Formalismus« hervorrufen, als Höhepunkt gekrönt von romantischen Heiligenbildern und Stichen der leidenden Jungfrau Maria.

Eine Serie von Möbeln und Gegenständen der Gebrauchskunst, die Grillo Demo für die Galerie Gill in London entworfen hat, bevölkert die alte Vorhalle, den heutigen Empfangsraum (die *sala*) des Hauses, je-

Traditionelles ibizenkisches Kunsthandwerk wurde liebevoll gesammelt und neuen dekorativen Zwecken zugeführt.

nen sinnbildlich ersten Würfel, dem der Rest des Hauses entsprossen ist. Das auf halber Höhe des Treppenaufgangs zum oberen Stockwerk gelegene Künstleratelier ist vollgestopft mit Ausschnitten und Ausgaben der Zeitschrift »Interview«, in der einige zarte Aquarelle von Demo abgedruckt wurden. Diese Erinnerungsstücke bezeugen seine noch immer enge Beziehung zu Künstlerkreisen in London und New York.

Um der Sonne zu entfliehen, betreten wir die Galerie. Durch die drei leicht herabgezogenen Bögen mit dem altertümlichen Profil ihrer Säulenkapitelle fällt goldenes Licht auf die marokkanischen Teppiche und das dicht über dem Boden liegende, mit mallorquinischer Leinwand bezogene Sofa. Einige Zweige der Glyzinie haben sich auf die Deckenbalken aus dem Holz der Sabinas vorgeschoben. Ein vergoldetes indisches Tablett und eine silberne tibetanische Schale werfen das rötliche Licht zurück. Warum nur stellt sich Wohlbefinden mit einigen exakt plazierten Komponenten so unfehlbar ein?

Was das Foto nicht zu vermitteln vermag, ist der betörende Duft der Gartenblumen, der sich mit dem der Kerzen vermischt.

NICOLAS ET ALEXANDRA

La Casa de los Ángeles/ Das Haus der Engel

Vor dreißig Jahren, im Jahre 1969, verliebte sich Antonio Facchini, Sohn eines Ingenieurs aus der italienischen Stadt Udine, den Zeichen der Zeit folgend in die Insel Ibiza und ließ sich dort nieder. 1978 vertiefte sich sein anfangs noch oberflächlicher Hang zu Antiquitäten. Gemeinsam mit Jörg Marquard gründete er in der Dalt Vila, der historischen Oberstadt von Ibiza, die Galería del Elefante, die heute für die zur Kathedrale emporklimmenden Besucher längst zu einem festen Bezugspunkt im Straßenbild geworden ist. Gemeinsam mit seinem deutschen Partner hat Antonio inzwischen eine große Zahl von Domizilen für die ausländische Gemeinde auf Ibiza restauriert und innenarchitektonisch gestaltet. Über Jahre hinweg war er unangefochten der Star-Einrichter für all jene, die auf Ibiza ihren stilvollen »Platz an der Sonne« gefunden hatten.

Im Jahre 1982 erwarb Antonio sein derzeitiges Haus von einem Einheimischen, der Geschäfte auf Kuba getätigt hatte. Von dem ursprünglich 42 000 m² großen Grundstück trennte er zunächst ein 27 000 m² umfassendes Areal rund um die alte Finca ab. Das Anwesen liegt in einem Tal, das parallel zu der Straße nach Santa Gertrudis verläuft.

Das Haus ist rein äußerlich gesehen von einer kuriosen Erscheinung. Mit dem eleganten, überstehenden Ziegeldach, das den roten Stuckbau mit weiß abgesetzten Türen und Fenstern abschließt, wirkt es wie eine Mischung aus italienischer Villa und Herrenhaus im Kolonialstil. Der Bau ist ein typisches Beispiel für den Geschmack jener ibizenkischen Familien, die zunächst vom Land in die Stadt abgewandert waren, um später wieder aufs Land zurückzukehren.

Der Ausverkauf der stattlichen bäuerlichen Landhäuser nahm auf Ibiza nicht so dramatische Formen an wie auf der großen Schwesterinsel Mallorca, da auf Ibiza nun einmal alles etwas abgemilderter oder in klei-

Hier tut sich eine Traumwelt aus überraschenden Perspektiven, gemalten Illusionen und der Mischung unterschiedlichster Stile auf.

nerem Maßstab verläuft. Dennoch setzte er sich auch hier kurz nach dem Ersten Weltkrieg, also in den 1920er Jahren, unaufhaltsam fort. Antonio Facchini, der sich schließlich auf diesem Gebiet auskennt, nennt es mit Erheiterung eine Ironie des Schicksals, daß dabei gerade die Frauen letztlich die guten Geschäfte machten, weil sie traditionell die aus landwirtschaftlicher Sicht schlechteren Grundstücke in Meernähe erbten.

Antonio erzählt all dies mit viel Sinn für die Launen der Vorsehung – auch jene Geschichte, die sein eigenes Haus betrifft: Er behauptet nämlich, daß sein Haus, das Haus der Engel, möglicherweise hauseigene Geister besitze. Eines nebligen Morgens will er ein hübsches blondes Kind im Garten herumstromern gesehen haben. Es trug ein prächtiges, weißes Kleid mit einer roten Schleife und spazierte so eine ganze Weile zwischen den Blumenbeeten hin und her. Am nächsten Tag dachte Antonio noch über die Vision des Vortages nach, als sich ihm die nächste Erscheinung offenbarte. Diesmal war es ein edles weißes Pferd, das durch seinen Garten tänzelte. Antonio konnte nicht länger an sich halten und lief zu

Auch im Bad und im Eßzimmer setzt sich die zum Prinzip erhobene Mischung heterogener Objekte und Stile der *sala* fort.

Miró
TIZIA

seinem Nachbarn, um ihm von seinen Erscheinungen zu erzählen. Dieser pflichtete ihm ernst bei und bestätigte, ja, einige Dörfler seien in der Tat nicht zu beneiden angesichts dieser lästigen Besuche, seit sein schönster Fuchs aus dem Stalle ausgebüxt sei.

Antonios Haus beherbergt ein reichhaltiges Sammelsurium von Andenken aller Art an seine Reisen, von Dingen, die seine Liebhabereien und Obsessionen widerspiegeln. Insgesamt ist das Interieur eine raffinierte und auf das sorgfältigste geplante Inszenierung *alla italiana* nach dem Vorbild barocker Illusionen, welche die erlesenste Musik seit Monteverdi in Bilder umsetzten.

Als zentrale Achse des ausgedehnten Finca-Geländes schlägt der breite Zufahrtsweg eine Schneise durch das Piniengehölz. Das steinerne Engelsrelief führt hier bereits das an anderen Stellen immer wieder auftauchende Leitmotiv ein, dem das Haus seinen Namen verdankt. Dem eigentlichen Haus schließen sich spielerisch an das abschüssige Gelände angepaßt ein Aufenthaltsbereich und ein Wintergarten an, die wiederum eine interessante Überleitung zum Swimmingpool herstellen. Dieser liegt auf einer Waldlichtung, und Antonio hat es nicht für unpassend gehalten, mitten auf den Teppich aus Piniennadeln ein bequemes und edel bezogenes Sofa zu stellen.

Im Inneren des Hauses erfährt man noch mehr über dessen Doppelcharakter als Sammeldepot und Prestigeobjekt. Die Anordnung der Räume scheint einer nahezu klassischen Komposition zu folgen. Man meint geradezu, die gefällig perlende Musik zu vernehmen, die das Zeremoniell der Kellner und das Geklirr der Gläser untermalt. Doch jener alles überlagernde Sinn für augenzwinkernde Nostalgie und spöttische Ironie relativiert den ersten Eindruck schnell: Spiegel, die die Perspektive verzerren, barocke Sonnen im Plafond, Skulpturen, die die Raumwirkung verändern und kitschige imitierte Steinbögen tragen, die der schrillen Phantasie eines Giulio Romano entsprungen sein könnten. Mehrfarbige Bödenbeläge, Ölbilder von großem Wert, die den Blick des Betrachters auf sich ziehen, und Möbel unzähliger Stilrichtungen vervollständigen diesen genial zusammengestellten ›Plunder‹, inmitten dessen Antonio nach seiner Arbeit in der Galerie Entspannung findet.

Mit seiner eigenen Arbeit ist der Hausherr zunehmend unzufriedener, was sowohl mit der mangelnden Qualität der Arbeiten seiner Handwerker wie mit dem Geschmack seiner Klientel zusammenhängt. Früher, davon ist Antonio überzeugt, arbeiteten die Handwerker noch sorgfältiger, ließ der langsamere Rhythmus noch Qualitätsarbeit zu. Zum anderen habe sich der Geschmack der Kundschaft gewandelt. Die neuen Kunden, zumeist Deutsche, verlangen wieder nach bäuerlich-rustikaler Behäbigkeit – weit entfernt von jenem beschwingten und zerbrechlichen Spiel mit Bildern, das ihm vorschwebt.

Natürlich ist er auch stolz darauf, jener leicht verrückten Gesellschaft von exzentrischen Ausländern anzugehören, die sich auf der Insel niedergelassen hat – eine Ansammlung von Individualisten, die nichts Provinzielles an sich hat. Auch die Tatsache, daß er es gemeinsam mit seinem Freund Jörg gewagt hat, das traditionelle Weiß der Häuser durch einen ockerfarbenen Ton zu ersetzen, stellt ihn ganz zufrieden. Alles in allem lebt Antonio hier sein Leben, versucht seine Kundschaft immer wieder zu überraschen und darüber hinaus ganz einfach er selber zu sein.

Auf den ihm eigenen Sinn für Ironie ist es zurückzuführen, daß er jeden Sonntag den großen Messen und Requien von Rossini und Verdi lauscht. Dabei könne man, so berichtet er treuherzig, die zahllosen Engel in allen Ecken des Hauses selig lächeln sehen ...

Der üppig bepflanzte Wintergarten bildet den perfekten Übergang vom artifiziellen Inneren zur natürlichen Außenwelt.

Can Torres
alla italiana

Als der heutige Eigentümer im Jahre 1976 nach Can Torres kam, gab es noch nicht einmal einen Stromanschluß im Haus. Heute dagegen ist nahezu jeder Raum mit einem Fernseher versehen, da der extrovertierte Mailänder Sportübertragungen jeder Art, die er per Satellitenschüssel empfängt, über alles liebt.

Hingegen hatte es seinerzeit acht Jahre gedauert, bis er sich zum Beantragen eines Telefonanschlusses durchgerungen hatte – im heutigen Handy-Zeitalter kaum noch vorstellbar. Statt dessen bediente er sich mit seinen Freunden lange Zeit einer eigenwilligen Kommunikationstechnik, bei der handgeschriebene Nachrichten auf den blauen Steinen am Eingang eines jeden Hauses zurückgelassen wurden. Die Antwort ließ dann einige Tage auf sich warten und landete irgendwann wieder auf dem blauen Stein vor dem eigenen Haus. An diesen gemäßigten Lebensrhythmus, der das hektische Mailand in Vergessenheit geraten ließ, hatte sich der passionierte Segler bereits verliebt, als er im Jahre 1958 erstmals im kleinen Hafen der Hauptstadt vor Anker ging. In den verlassenen Sträßchen von Sa Peña bis zum *El Corsario* pfiff ihm damals der Wind erbarmungslos um die Ohren, aber seinerzeit war dies nun einmal die einzige Herberge für ausländische Touristen, und so nahm er den langen Weg nach oben auf sich.

Am nächsten Tag segelte er mit einem frischen Nordwind gen Formentera, ging dort an Land und begegnete nur einer einzigen, ganz in schwarz gekleideten Frau, die bei Wind und Wetter mit ihrem Schirm zu kämpfen hatte. Plötzlich schaute die Sonne hervor, und schon hatte sich unser Mann in die Inseln verliebt.

Er wählte Can Torres als Domizil und unternahm während der nächsten zweiundzwanzig Jahre mit seiner prächtigen Yacht Segeltörns durchs ganze Mittelmeer, um anschließend immer wieder in sein geschütztes Heim zurückzukehren. Dieses Dasein im Zustand heilsamer Entspannung

unterbrach er nur, um in der lombardischen Hauptstadt in regelmäßigen Abständen seinen Geschäften nachzugehen.

Doch in Mailand kann man seiner Meinung nach nicht schlafen, und der typische Groll des Durchschnittsitalieners gegenüber den Politikern, die zum großen Teil den ›Niedergang von bella Italia‹ zu verantworten haben, ließ ihn über die Jahre zum Einzelgänger werden. Heute verbringt er seine Zeit am liebsten mit seiner Frau, seinen Freunden und einem guten Gläschen Grappa; und mit Carmen, einer Einheimischen, die ihn und das Haus versorgt und die mit jenem sarkastischen Humor, den sie von ihrem »Herren« übernommen hat, behauptet, mit großer Sehnsucht nur darauf zu warten, den Italiener endlich beerben zu können.

Can Torres gehört zu den ältesten Fincas der Insel, deren herrliches Grundstück sich südlich der alten Landstraße von Ibiza nach Santa Eulalia erstreckt. Grenzpunkte sind die weite Bucht Sol d'en Serra und ein Horizont, von dem sich die Konturen Formenteras sanft abheben. Die kleine Nachbarinsel ist das häufigste Ziel der Segeltouren des feurigen italienischen Eigentümers.

Das einzigartige an diesem Haus ist jedoch der Teil, den die Ibizenker *porxet* nennen, ein Laubengang im Obergeschoß. In diesem Fall bildet er einem Seitenbalkon vor dem Schlafzimmer, der ein ganz besonderes Räumlichkeitsempfinden hervorruft. Dieses wird noch verstärkt durch einen Baldachin aus Palmblättern und den enormen Blumentopf, der am Holzbalken des Vordachs aufgehängt ist. All dies ist geprägt von einer At-

Das Zentrum der Küche bilden der alte Rauchabzug und die Olivenpresse (*trull*). In handgeflochtenen Körben laden frisches Obst und Gemüse zum Kochen und Genießen ein.

Seite 74:
Oben: Der alte Steinofen ist in die Anlage der Gartenterrasse integriert.
Rechts: Der *porxo*, die offene Vorhalle, weist traditionell gen Süden.

mosphäre der Unbeschwertheit und Lebensfreude und einem natürlichen, anspruchslosen Komfort, den sein Eigentümer bewußt herbeigeführt hat. Dazu gehören auch die Bougainvilleen, die riesigen Florentiner Blumenkörbe und die zahlreichen Tragekörbe (*cestas*) und anderen traditionellen Gebrauchsgegenstände, die das Haus bevölkern. Man erhält eine Ahnung von frischem Gemüse, gutem Brot und italienischer Pasta, die von den Freunden des Eigentümers nebenbei über den grünen Klee gelobt wird.

Die Geschichte des Hauses weist kaum Brüche zwischen der alten Nutzung als Bauernhaus und dem hier seit 25 Jahren praktizierten Lebensstil seiner Besitzer auf. Can Torres zählt somit auf Ibiza fraglos zu den positivsten Beispielen der Umnutzung einer alten Finca durch ausländische Neubesitzer.

Die alten Bäume des nahegelegenen Waldes und die symbolische Palme des ibizenkischen Hauses sind mit den in den letzten Jahren gepflanzten Rosensträuchern und Zitronenbäumchen eine harmonische Verbindung eingegangen. Die Asymmetrie des oberen Laubengangs untermauert, wenn man das so sagen darf, diesen bewußt erzielten Eindruck der ›Nonchalance‹. Dieser wiederum wird konterkariert durch ein formal gestaltetes Schlafzimmer, was aber in Italien nicht untypisch ist. Das Zentrum aller häuslichen Aktivitäten bleibt aber ohne Frage die gemütliche, urige Küche mit dem großen Eßtisch. Hier tragen ein paar Oliven, ein guter Käse und ein edler Tropfen *vino tinto* dazu bei, die Zunge des altgedienten Brokers zu lösen, der mit seinen klaren, müden Augen die Welt mit einer Mischung aus Resignation im Angesicht der nahenden Katastrophe und einer unvermindert großen Lust, ihr vorher noch einmal das Beste abzugewinnen, betrachtet.

Casa del Elefante/ Haus des Elefanten

Bruno gehört zu den wenigen in diesem Buch vorgestellten Hauseigentümern, die es erst zu Beginn der neunziger Jahre auf die Insel verschlug. Bruno ist ein junger Franzose, der aus Paris seine Liebe zu Elefantenmotiven mitbrachte. Unter diesem optischen Leitmotiv eröffnete er zunächst ein Restaurant in San Rafael und nun auch noch einen Möbelhandel mit teils aus Indonesien importierten, teils von ihm selbst entworfenen Stücken.

Dabei nahm er sich die spektakulären Wandgemälde des Malers Gary Cook zum Vorbild, um die stark konservativ geprägte Formsprache einer übertrieben rustikalen Traditionsverbundenheit zu überwinden, die gerade von Ausländern so gern gepflegt wird. Seine Dynamik als Geschäftsmann läßt ihn nicht den Blick für das gute Leben verlieren, bei dem es ihm aber keineswegs um Zurückgezogenheit und Beschaulichkeit geht. Vielmehr bringt er sein Geld, ob bei Tag oder bei Nacht, lieber mit der größtmöglichen Anzahl von Freunden unter die Leute. Also suchte er sich eine alte Finca als Wohnsitz und fand ein ruhig gelegenes Anwesen in dem

blühenden Tal zwischen Santa Inés und San Rafael. Es war nicht besonders groß, bot aber genug Platz für alles, was Bruno vorschwebte: eine möglichst unmittelbare Beziehung zwischen Haus und Garten mit unzähligen Laubengängen, Schwimmbecken und kleinen Eßecken, in denen man je nach Jahreszeit speisen konnte – mit sanften Übergängen also zwischen Innen und Außen, wie sie nur in Zonen mit einem Klima wie dem auf Ibiza möglich sind.

Von dem alten Haus waren bei der Übernahme nur noch Ruinen übrig. Lediglich die beeindruckenden, traditionell würfelförmig angelegten Grundmauern ließen seine ursprüngliche Gestalt erahnen.

Man baute die Laubengänge wieder auf, wobei eine expressionistische Übertreibung der Säulenkapitelle vorgenommen wurde, und arbeitete alte Balken aus dem Holz der Sabinas ein, um damit die Flügel der Pergolen gemäß der alten Ausrichtung des

Das architektonische Konzept des ibizenkischen Hauses basiert auf der unmittelbaren Wechselwirkung von Innen und Außen, von Baukörper und Raum, Sonnenlicht und gefiltertem Innenlicht.

Hauses auf dem Grundstück zu verlängern. In den dem Garteninneren und dem Swimmingpool zugewandten Bereichen verändern neue Öffnungen von beträchtlichen Ausmaßen das äußere Erscheinungsbild des Hauses nur unwesentlich. Dieses ist geprägt von den seinerzeit typischen

schmalen Schießscharten sowie von Rinnen, durch die das von den traditionellen Algen-, Aschen- und Lehmdächern aufgefangene Regenwasser in die Zisterne geleitet wird. Einige mächtige alte Zypressen sind das letzte Tüpfelchen auf dem i bei der Gestaltung einer gelungenen Außenfläche, die ihre Fortsetzung im großen Schwimmbadareal findet. Dieses wirkt durch seine Einbettung in das ringsherum ansteigende Gelände wie ein griechisches Amphitheater.

Nach vier Jahren aufreibenden Pendelns zwischen Paris und Ibiza hat Bruno den Schritt gewagt, das Haus am alten Wohnsitz zu verkaufen und sich ganz und gar dem Leben auf Ibiza zu widmen. Nebenbei machte er damit auch noch ein glänzendes Geschäft. Seine letzte größere Errungenschaft für die »Casa del Elefante« war ein großes marokkanisches Zelt, das an der Stirnseite des Schwimmbads aufgestellt wurde. Dekorativ spiegelt sich die schlanke Silhouette dieses neuen Schauplatzes berühmt-berüchtigter nächtlicher Feste auf dem Wasser wider.

Behaglichen Wohnkomfort verspricht die Mischung aus Tradition und Moderne im Schlafzimmer, in der Küche und im Bad.

Auch das Interieur der »Casa del Elefante« hat kein ›gewachsenes‹ Ambiente zu bieten, das durch das tägliche Leben der Bewohner, durch Reiseandenken oder Geschenke im Laufe der Zeit entstanden wäre. Vielmehr hat es – angefangen vom zarten Gefüge der selbstentworfenen Möbel bis hin zu den von Freunden und Bekannten lässig auf die Mauern gepinselten Skizzen – etwas von einer bunten, sorglosen Momentaufnahme.

Auf der Rückfahrt dürfen wir auf der Landstraße nach Santa Inés noch das schmückende tiefe Grün der beidseitig angepflanzten Zitronen- und Orangenbäume bewundern. Brunos Haus erhebt sich nur wenig über diese erste grüne Talsohle. Es ist eines von jenen vielen ausgeprägten Bauwerken, die dieser Landschaft Leben einhauchen. Hier wird schlagartig klar, warum sich die moderne Architektur des beginnenden 20. Jahrhunderts, die mit der bourgeoisen Baukunst brechen wollte und neuen Ufern zustrebte, ausgerechnet die mediterrane, unverschnörkelte, einfache und logische Bauweise Ibizas zum Vorbild nahm. Brunos Haus verschwindet hinter gelbgetüpfelten Zitronenbäumen, hinter den ewigen Gärten der Hesperiden, der Hüterinnen der goldenen Äpfel im Garten der Götter.

La Casa de las Rosas/ Das Haus der Rosen

Das Haus der Rosen, so klein es auch ist und so wenig vollendet es unter architektonischen Gesichtspunkten auch erscheinen mag, zählt zu den am besten gepflegten Häusern der Insel. Alles ist radikal auf die Bedürfnisse seiner einzigen Bewohnerin ausgerichtet: Die intelligente Italienerin gehört der ›Crème de la crème‹ der Rosenzüchter an und ist nicht nur unter ästhetischen Gesichtspunkten vollkommen gepackt von ihrem Hobby – ihr ganzes Denken und Handeln gilt dieser Passion. Hier ist alles der Zucht der edlen Rose gewidmet, jener erlesenen und poetischen Blume, die in der westlichen mittelalterlichen Welt eine ebenso große Rolle spielte wie in den hochentwickelten östlichen Kulturen von Persien bis Kaschmir.

Hunderte von Rosenarten haben sich des Hauses und des Gartens bemächtigt und überlagern alles mit ihrem Duft und ihren Farben. Sie überfluten Wiesen, erklettern Bäume oder ranken in traditioneller Manier an Pergolen empor. Auch im Inneren des Hauses – eine eigentümliche Mischung aus konventioneller Architektur des frühen 20. Jahrhunderts und einem eleganten, rundum verglasten und deshalb lichtdurchfluteten Wintergarten – wird das alles beherrschende Thema wieder aufgenommen. Selbst im Schlafzimmer präsentiert eine Arbeitsecke in anmutiger Unordnung das halbe Dutzend Bücher, das die Hausherrin den Rosen gewidmet hat und das ihr weltweites Ansehen eingebracht hat.

In diesem Haus herrschen die leisen Töne vor; offenkundig ist der Wunsch, sich nicht zu stark zur Schau zu stellen. Welten trennen dieses Anwesen von anderen ibizenkischen Häusern, die das protzige Selbstverständnis ihrer extrovertierten Eigentümer demonstrieren. Die schlichte Eleganz des Außenanstrichs, der Möbel und des gesamten Erscheinungsbildes ist offenkundig. Lediglich die etwas auffälligere Silhouette des Wintergartens, anonymes Erbe der Tradition von Joseph Paxtons *Kew Gardens* in London, sticht hervor.

Die Hausherrin hatte zuvor ein angenehmes Leben in Mailand geführt und in den exklusiven Kreisen einiger alter italienischer Familien verkehrt, deren Abstammung teilweise bis auf die Päpste der Renaissance zurückgeht – Kreise, in denen man seine Herkunft stolz zur Schau trägt und sich des Interesses der Öffentlichkeit in glanzlosen Zeiten wie den heutigen

wohl bewußt ist. Nachdem ihre Arbeit als Autorin und Herausgeberin durch unerwartete familiäre Konflikte immer wieder Rückschläge erlitten hatte, kam sie schließlich 1975 erstmals nach Ibiza. So stark war ihr Wunsch nach einer radikalen Veränderung ihrer Lebensumstände, daß sie zunächst sogar plante, die kleine, unbewohnte Insel Tagomago vor der Nordostküste Ibizas zu kaufen. Nach etlichen fehlgeschlagenen Kaufverhandlungen, von denen sie sich nicht entmutigen ließ, erwarb sie schließlich eine Finca mit dem bereits erwähnten Haus inmitten der sanft-hügeligen Ausläufer des Puig d'en Bassettes an der Straße nach San Miguel.

Hier, in einer der ruhigsten Ecken der Insel, fand die neue Eigentümerin jene drei Dinge, nach denen sie gesucht hatte. Erstens die Ruhe des Landes. Auch die Tatsache, daß die Insel schon seit Urzeiten bewohnt ist, bestärkte die Italienerin in ihrem Entschluß. Schließlich wirkt der Einfluß der Göttin Tanit bis zum heutigen Tag segensspendend fort und sorgt für heitere Gelassenheit in den Reihen ihrer Anhänger. Zweitens die Schönheit des Landes. Eine so absolute Schönheit, daß alles von ihr geprägt ist, alle Dinge, die Atmosphäre und sogar die Zeit, die hier stehen zu bleiben scheint. Und drittens die Menschen des Landes. Schnell fand sie heraus, daß sie gerade das Zusammenspiel so ungleicher Beziehungen wie jene zu den benachbarten Freunden aus dem Ausland einerseits und zu der ihr mit Rat und Tat zur Seite stehenden ibizenkischen Landbevölkerung andererseits als überaus befriedigend empfand.

Nur bei wenigen anderen der in diesem Buch vorgestellten Hausbesitzer konnten wir eine derart in sich ruhende Ausgeglichenheit beobachten wie bei dieser Rosenzüchterin. Ihr

Die Rosen haben nicht nur den gesamten Garten (vorhergehende Doppelseite), sondern auch den eleganten, an den ursprünglichen Baukörper angesetzten Wintergarten erobert.

Seite 88:
Es bedarf schon eines ausgedehnten Spaziergangs, um die ganze Vielfalt und Schönheit der Rosen zu ermessen, die diesem Haus seinen spezifischen Charakter verleihen.

konsequent umgesetzter Entschluß, sich eine eigene Berufung zu wählen, mündete in eingehenden Studien und zahlreichen Reisen nach England, wo man den Anbau der Rosen auf das äußerste vervollkommnet hat. Es folgten Stunden um Stunden des Abtragens von Erde, des liebevollen Düngens und des Beschneidens von Rosenbüschen.

Im Winter schafft ihr ein rustikaler Kamin die nötige Atmosphäre zum Schreiben ihrer Bücher, und im Frühling bringen die stimulierenden Wellen des Meeres an der Nordküste die Lebensgeister wieder in Schwung.

Sie gesteht ein, daß sie Jahr um Jahr weniger Freunde besucht oder empfängt, obwohl ihr bewußt ist, daß es nicht gut ist, gar nicht unter Leute zu kommen. Ihre wenigen Freunde wissen noch um eine andere Leidenschaft, die höchsten Ansprüchen genügt: die Liebe zur italienischen Küche. Noch von ihrer Mutter, die einer Kardinalsfamilie entstammte, lernte sie, wie man unterschiedliches Gemüse ›al dente‹ zubereitet, und ihre Gnocchi werden von einigen Freunden mit jenen Speisen verglichen, die die antiken Götter im Schatten der Weinreben zu sich nahmen.

Ein Palais in der Oberstadt

So wie man sich die Insel Patmos nicht ohne die Klosterzitadelle des heiligen Johannes vorstellen kann, wäre auch Ibiza nicht Ibiza ohne den bewehrten Altstadtkern mit der wuchtigen Stadtmauer rund um Kathedrale und Burg.

Auf Ibiza wird zwischen den Gegensätzen Stadt und Land eine positive Spannung spürbar. Die ländlichen Teile Ibizas bezaubern nicht nur durch ihre ausgeprägte landschaftliche Schönheit, ihnen wohnt auch das gesamte Kulturerbe der Insel inne – mit Sitten und Gebräuchen, mit traditioneller Landwirtschaft, Architektur und Musik, mit der Gliederung des Landes durch die stets gleichmäßigen Abstände zwischen seinen weißen Fincas oder durch die mit dem Ruf *uc* akustisch markierten Parzellen.

Die Stadt, *la vila*, ist über lange Zeit in der Geschichte der zentrale Ort des Geschehens gewesen; der Ort, an dem sich der Bodensatz der unterschiedlichen Kulturen abgelagert hat – angefangen von jener der bäuerlichen Ureinwohner und fortgeführt von fremden Kulturen. Die *vila* ist somit ein Ort des Austausches

Scheinbar übergangslos setzt sich das Pflaster der Gasse in der Oberstadt (*dalt vila*) im Eingangs- und Treppenbereich des Hauses fort.

und der Dynamik im Gegensatz zur statischen Behäbigkeit des Landes.

Ibizas Oberstadt, die Dalt Vila, ist eine wunderbare Ansammlung von Fragmenten, die am Yachthafen oder eigentlich schon auf dem Passeig de Vara de Rey beginnt, sich durch das alte Fischerviertel Sa Peña fortsetzt und schließlich auf dem Platz vor der Kathedrale endet. Hier, auf dem urtümlichen Felsgestein, überlagern sich Kultstätten des Gottes Bes und der Göttin Tanit mit einem römischen Merkurtempel, einer urchristlichen Kirche, einer arabischen Moschee und der Kathedrale, die in ihrer heutigen Gestalt die Zeiten überdauert hat: die Stadt als Konglomerat oder Palimpsest der Kulturen.

Genau dort, wo sich der Platz zur Calle Mayor hin abzusenken beginnt und wo in alten Zeiten die höchsten geistlichen und weltlichen Würdenträger residierten, erhebt sich eine Reihe aneinandergebauter und nur durch Brandmauern getrennter kleiner Stadtpaläste. Sie stammen aus dem 16. Jahrhundert, aus jener Epoche also, in der auch Juan Bautista Calví den Bau der großen Stadtmauer begann, des »steinerner Nachen«, wie Antonio Colinas das Festungswerk bezeichnete.

Diese Häuser bilden einen Block, der sich bis Sa Portella, dem alten Tor in der Stadtmauer, erstreckt. Sie liegen mit der Rückseite auf der arabischen Wehrmauer der Stadt auf und haben so den Vorteil, sich zwei völlig unterschiedliche Landschaften zu erschließen: nach vorn hinaus die enge, kopfsteingepflasterte Gasse, die zur Kathedrale und weiter zum Kastell auf der Höhe der Stadtmauer emporführt. Nach hinten hinaus öffnet sich ein Balkon mit unbeschreiblichem Blick auf den Hafen und die ganze Insel.

Bei dem Haus, um das es hier geht, handelt es sich um eines jener Stadtpaläste, deren Ursprünge auf hochmögende Adelskreise zurückgehen. In der geheimnisvollen Zisterne des Hauses fand man während der letzten Renovierungsarbeiten sogar noch alte Waffen. Auch diese Zisterne, die vom tiefsten Punkt des Hauses noch gut 18 m weiter hinabreicht, unterstreicht die vertikale Ausrichtung des gesamten Bauwerks. Die relativ kleinen Zimmer sind durch eine schmale Treppe verbunden, die bis zur Dachterrasse hinaufführt.

Es dürfte wohl kaum Zufall gewesen sein, daß sich hier eine italienische Familie aus der noblen Modewelt niedergelassen hat. Sie begriff schnell, daß sich der spezifische Charakter dieses Hauses aus seinen Mauern und Dächern mit kleinen Fenstern und wenig Lichteinfall ergab. So entschied man sich dafür, das Vorgefundene radikal zu ›entrümpeln‹, ohne dabei das für die Dalt Vila so typische äußere Erscheinungsbild zu verändern. Im Innern allerdings entstand eine völlig neue, ›italienische‹ Wohnlandschaft.

Die Bodenbeläge aus Terrakotta oder dunklem Holz und der zarte Elfenbeinton der Wände geben der gediegen-eleganten Einrichtung den passenden Rahmen – ein stilvolles Ambiente für die zurückgezogen lebenden römischen Besitzer des Hauses, die Ibiza in den sechziger Jahren für sich entdeckten.

Zwei Jahre des geduldigen Zusammentragens von Skulpturen, handbemalten römischen Fliesen, Altarbildern und Retablen der Renaissance, Ölbildern, Terrakottafiguren und Schnitzereien haben zusammen mit dem edlen Mobiliar ein Interieur von schlichter und doch höchster Eleganz ergeben. Nur die Leinenbezüge, die

Die Möbel entstammen den verschiedensten Stilrichtungen, aber allen gemeinsam ist die wunderbare Qualität in Material und Verarbeitung. Sie stehen in reizvollem Kontrast zum weißen Marmor der Statuen und zu den Terrakotta-Schmucktäfelchen.

FELICI SERVO
DIADVMENVS FLAVIA
COLTES LIB MERITO

Gardinen und die Bettwäsche sorgen für ein paar kräftige Farbtupfer.

Vom spartanischen Eßzimmer aus kann man das lebhafte, bunte Treiben im Hafen von Ibiza beobachten. Hier ziehen die Fähren nach Formentera vorbei, während die Sonne von den weißen Häusern reflektiert wird, die die Berghänge von Talamanca auf der anderen Seite der Bucht bedecken. Die gedämpften Geräusche des Hafens mischen sich mit dem Duft des Oleanders aus dem kleinen Garten unterhalb des Balkons.

Nachfolgende Seiten:
Der Blick von der Terrasse eröffnet eine der schönsten Ansichten, die Ibiza zu bieten hat. Im Vordergrund sind das Kloster Santo Domingo und Teile der Stadtmauer zu sehen, unten die Hafeneinfahrt und dahinter die Bucht von Talamanca.

La Casa del Indiano/ Das Haus des »Indianers«

Vor ziemlich genau einem Jahrhundert sah sich ein Arzt ibizenkischer Abstammung nach dem für die Kolonialmacht Spanien verlorenen Unabhängigkeitskrieg auf Kuba – der in Spanien salopp nur das »Desaster« genannt wird – gezwungen, wieder in seine Heimat zurückzukehren. Mitten auf dem Land, zwischen Ibiza-Stadt und Santa Eulalia, ließ er sich ein Domizil im Kolonialstil errichten. Das Anwesen bestand karibischen Gepflogenheiten nach aus zwei Gebäuden, dem ›Gutshaus‹ für den Verwalter und dem ›Freizeithaus‹ für den Hausherren selbst. Ersteres war klein und bescheiden gehalten, während das zweite den Ansprüchen einer echten Kolonialvilla gerecht wurde. So wies es den von strenger Symmetrie geprägten Grundriß, die nach Süden gewandte Vorhalle, eine Palme, Lamellen-Fensterläden (*persianas*) und den für kubanische Häuser typischen, in undefinierbaren Pastellfarben gehaltenen Stuck auf.

Genau siebzig Jahre später konnte die Enkelin des »Indianers« – so nannte man in Spanien die nach Amerika ausgewanderten und später in ihre Heimat zurückgekehrten Landsleute – beobachten, wie immer mehr Besucher vom europäischen Festland kamen und zum Teil auch blieben, um auf Dauer auf der Insel zu leben. Darunter war auch ein Paar aus dem

regnerischen Hamburg. Das kubanisch-ibizenkische Haus schien den beiden genau der richtige Ort für einen Neuanfang zu sein. Also kauften sie das 45 Hektar große Grundstück kurzerhand und fanden es entzückend, daß das Wohnhaus Fenster vom Boden bis zum Dach besaß. Sie waren so hoch wie die Fenster in Hamburg und hoben sich damit wohltuend von den üblichen kleinen Maueröffnungen der typischen ibizenkischen Bauernhäuser ab.

Die beiden Deutschen waren in der Kulturszene bzw. in der Modebranche erfolgreich, und ihrer beider Leben hatte trotz wechselnder Tätigkeiten einen ähnlichen Verlauf genommen. Er, eigentlich Anwalt von Beruf, betätigte sich zunächst als Fotograf, dann als Journalist und ist als politischer Kommentator eines deutschen Fernsehsenders bekannt.

Im Jahre 1953 besuchte er das sich von der Nachkriegszeit erholende Spanien und verliebte sich augenblicklich in das Land, seine Bewohner und in die strahlende Sonne. Als er 1968 nach Ibiza kam, stieg er – wie sollte es anders sein – im *El Corsario* ab und war fasziniert von der phönizischen Nekropole auf dem mitten in Ibiza-Stadt gelegenen Puig des Molins. Während er hingerissen die Terrakottafigürchen der Göttin Tanit betrachtete, reifte in ihm der Entschluß, in Zukunft auf Ibiza zu wohnen und zu leben. Zusammen mit seiner Lebensgefährtin hatte er schon ein Weile über mögliche Refugien für ein angenehmes Leben nachgedacht. Ihr Traum war immer Griechenland gewesen, aber die Sprachbarriere schien unüberwindlich. Auch San Francisco und Bali hatten sie als Orte zum Überwintern in Erwägung gezogen, doch schließlich entschieden sie sich für das »Haus des Indianers« auf Ibiza.

Sie, Stefanie Bott, ist eine kultivierte und intelligente Frau, die nach einer jahrelangen Tätigkeit in der Modebranche ihre künstlerischen Talente weiterentwickelte. Mit einigen erfolgreichen Ausstellungen gelang es ihr, sich im professionellen Kunstbetrieb zu etablieren. Nach einer Serie von verstörenden ›Ensembles‹, die ihre Wahrnehmung der Wirklichkeit ungeschminkt wiedergaben, folgte eine Veranstaltung surrealer Aktionskunst, bei der sie eine aus Brotteig

Das harte ibizenkische Licht wird hier gefiltert und in das weiche Licht des nördlichen Europa, der Heimat der Hausbewohner, verwandelt.

nachgebildete Mumie in einer Kirche ausstellte und dann von ihren Ausstellungshelfern verzehren ließ. Später widmete Stefanie sich der Fotografie, im speziellen den komplexen Techniken der Bildüberlagerung.

Nachdem das Paar sich entschlossen hatte, in dem Haus auf Ibiza zusammenzuleben, zog man den größtmöglichen Nutzen aus den Räumlichkeiten, die das Haus bot. Die Verbindung eines jeden Zimmers mit dem nachfolgenden, die wie Membranen wirkenden Glas-Schiebetüren und das gewollt unterkühlte Ambiente bilden einen deutlichen Gegensatz zum mediterranen Wohnen. Die Atmosphäre mutet im Kontrast zum äußeren Umfeld mit seiner üppigen Vegetation und den lässigen Rattanmöbeln unverkennbar nordisch an.

Das protestantisch-strenge, aber elegante – man könnte fast sagen, von Bergmannscher Kühle geprägte – Innere ist mit unverschnörkeltem Mobiliar aus dunklem Holz, mit gediegenen Anrichten und wohlplazierten Ölbildern über klassischen Kaminen bestückt. Das Licht zahlloser Kandelaber fällt auf makellose Wände und duftige Scheibengardinen. Als bewußt gesetzter mediterraner Kontrapunkt zu diesem perfekten Interieur stechen die Bodenbeläge hervor: mehrfarbige, leuchtende Mosaiken, wie sie für die katalanische Architektur des späten 19. Jahrhunderts typisch sind. Hiermit endet die Heterodoxie, die Stefanie und ihr Partner so lieben, aber noch lange nicht: Im Garten sind einzelne bepflanzte Wege als Sackgassen angelegt, was dem Ganzen ein orientalisches Flair verleiht. Die aus jedem Blickwinkel im Garten sichtbaren Abbilder des Gottes Buddha erinnern die beiden Bewohner stets an eine Lebenseinstellung, die von beiden hochgeschätzt wird.

Hinter dem Haus lagert ein Katamaran, der die Liebe des Paares zum Meer und zum Wassersport verrät. Während der ruhigeren Jahreszeiten schwimmen beide gern in abgelegenen Buchten und unternehmen rasante Überfahrten nach Formentera.

Die Wahl-Ibizenker genießen jede freie Minute in diesem Haus, die ihnen ihre Verpflichtungen in Deutschland lassen. Man kann sich die beiden gut vorstellen, wie sie unter dem hohen Vordach der Terrasse sitzen und der ebenso ernsten wie heiter beschwingten Musik eines Johann Sebastian Bach lauschen, den Blick dabei voller Zuversicht auf den blauen Horizont gerichtet ...

Seite 104/105:
Einzelne Elemente in der Vorhalle (*porxo*) und im Garten lassen eine fernöstlich anmutende Atmosphäre meditativer Gelassenheit entstehen.

CAN
PARTIT

La Casa de las Tres Lunas/ Das Haus der drei Monde

Von den vier Landspitzen, die an der Südküste der Insel Ibiza ins Meer ragen, ist die Punta Purroig (Puerta Rojo), die ihren Namen der rötlichen Färbung ihrer Felsen verdankt, die am besten zugängliche und die landschaftlich reizvollste zudem. Dieses Kap winkelt seine Spitze in Richtung Westen ab und bildet somit eine nach Osten hin geschützte, windstille Bucht. Sozusagen als negative topographische Entsprechung gehört zu jeder Landspitze ein Wasserlauf, der das Wasser aus dem Bergland um San José auffängt und in die jeweilige Bucht leitet.

Wer sich in der Theorie oder durch eigene Anschauung mit jenen Orten im westlichen Mittelmeerraum beschäftigt, wo die Kolonialvölker dieser Region – Kreter, Phönizier und Griechen – an Land gingen, wird erkennen, daß etwas höher gelegene Küstenzonen besonders tauglich zur Besiedelung gewesen sein müssen. Ideal waren nach Süden ausgerichtete Stellen, wo das Meer keine Riffe besaß, wo es Strände mit seichtem Wasser zur Ausschiffung sowie hohe Klippen mit guter Fernsicht und zur besseren Verteidigung gegen Angreifer gab. Etwas weiter östlich von der Punta Purroig, auf Sa Caleta zu, kann man sich in der alten Phöniziersiedlung aufgrund der reichlich vorhandenen Relikte ein eingehendes Bild dieser Beziehung zwischen Siedlung und Landschaft machen. Mit diesem Kontext im Hinterkopf wird sich wohl niemand, der mit einem Schiff in Purroig ankommt, darüber wundern, daß das Kap von einem Haus gekrönt wird, wie es pittoresker und phantasieanregender auf der Insel kaum zu finden ist. Es handelt sich dabei um das von Rolph Blakstad im Auftrag eines bekannten Modemachers erbaute »Haus der drei Monde«.

Blakstad ist auf Ibiza eine Institution. Philippe Rotthier und er haben –

wenn auch mit unterschiedlichen Konzepten – in den letzten Jahren dazu beigetragen, den Ibizenkern zu zeigen, wie tief die Wurzeln ihrer Identität in die Vergangenheit zurückreichen. Während Rotthier einer radikalen und rationalen Anthropologie anhängt, ist der Designer Blakstad auch Träumer und Poet, der so tief in die letzten 3000 Jahre der Inselgeschichte eingetaucht ist, daß die historischen und kulturellen Parameter dieser Vergangenheit als Mischform in seiner Architektursprache einen Ausdruck gefunden haben.

Blakstad geht von drei Voraussetzungen aus: zum einen von einer erschöpfenden Kenntnis des Altertums, die noch zu Beginn des Jahrhunderts in sämtlichen Architekturschulen Europas anhand von einschlägigen Bildtafeln vermittelt wurde. Ferner sollte man seiner Meinung nach ganz in der Tradition der Araber eine klare Vorstellung vom Wohnkomfort und vom innenarchitektonischen Design haben. Drittens bedarf es eines Handwerkerteams, das über die Fertigkeit eines modernen Gewerbezweiges verfügt, historische Elemente mit Geschick und größtmöglicher Natürlichkeit nachzubauen. Man könnte sagen, daß diese drei Grundpfeiler sein Werk davor bewahren, in sentimentalen Kitsch abzugleiten. Trotz aller Kritik, die von Vertretern der modernen Architektur geäußert wird, zeugt das von Blakstad Geschaffene zweifellos von großem Einfühlungsvermögen und formaler Brillanz.

Blakstad spricht leise und langsam. Sein dahinplätschernder Redefluß hat viel Orientalisches an sich. Er geht nicht von konkreten Prämissen aus, sondern bedient sich vielmehr einer gleichnishaften Erzählstruktur. Sein Kosmos besteht aus einer Ansammlung emotionslos registrierter Fakten, was ihn dazu führt, eher mit Symbolen und Reminiszenzen zu arbeiten als mit konkreten Definitionen und Konzepten. Kaum haben wir die Schwelle des Hauses überschritten, erzählt er uns mit beruhigender Vertrautheit von den Voluten, welche die geschliffenen Holzsäulen von Salomons Tempel zierten, von den Intarsien mit eingearbeiteten Symbolen, die auf die Geschichte der Juden und Jezabels verweisen, von der globalen Inspiration seitens der Berberkunst, die in all sein Schaffen einfließt, von der Abstammung der Ibizenker von den Phöniziern und somit von der Göttin Tanit und schließlich vom Symbol der drei Monde.

Blakstads Litanei bezieht den Hörer kaum mit ein, aber er besteht darauf, seine Theorien wie ein alter Weiser vorzutragen, der aus der heiligen Schrift zitiert: Es gebe nur zwei Prototypen altertümlicher Baukunst, nämlich das aus Holzbalken und mit geneigtem Dach konstruierte Haus nördlicher Länder und das Haus des trockeneren Südens mit dicken Mauern und Flachdach zum Auffangen des Regens. Die Synthese dieser beiden Urformen habe zum einen den dorischen Tempel, zum anderen das mesopotamische Haus ergeben.

Die wachsamen blauen Augen des Erzählers leuchten, während er von der grundlegenden Rolle der Karawanenroute spricht oder Diodoro Sículo zitiert. Dieser Historiker erwähnte Ibiza bereits als Bestandteil einer übergreifenden Kultur, die den östlichen und den westlichen Mittelmeerraum vereinte. Zärtlich steichen seine Hände über das Holz, das beim Bau des »Hauses der drei Monde« meistverwendete Material. Es stammt vom Sadebaum (*sabina*), einem Zypres-

Rechts und vorhergehende Seiten:
Überall im Haus zeigen sich starke nordafrikanische Einflüsse – sowohl in der Anlage des Hauses selbst als auch in seinen dekorativen Elementen.

sengewächs aus der Wacholderfamilie. Ach, vielleicht wissen wir ja noch gar nicht, daß das Holz des Sadebaums schon im Jemen, in den Wadis oder anderen fruchtbaren Zonen als ideales Baumaterial verwendet wurde – dort, wo die kanaanäische und die aramäische Kultur die jüdische Geschichte begründet haben. Der Sadebaum wurde von dort vermutlich von den Phöniziern nach Ibiza gebracht.

Blakstad erklärt, daß das Wort »Phönizier« im primitiven römischen Jargon ursprünglich »rotes Volk« bedeutete. Später wurde der Begriff »phönizisch« auf alles ausgeweitet, was mit dem »roten Volk« oder dem »roten Land«, also insgesamt der »Kultur der trockenen Erde« zusammenhing: die Alhambra, Puerto rojo und Purroig, wo wir uns momentan befänden. Weiter sprudelt der zerstreute, einförmige Redefluß. Wir erfahren von der Schwierigkeit, ein Material zu finden, das in den Badezimmern für Wände und Böden gleichermaßen geeignet ist (das Problem wurde mit einer harzhaltigen Farbe gelöst), und von der allmählichen Ablösung der alten Strohdächer durch Ziegeldächer.

Blakstad stammt aus Kanada. Sein Vater, der als Bühnenbildner für den großen Eisenstein gearbeitet hatte, vermittelte ihm die Liebe zum Material. Als Rolph 1956 nach Ibiza kam, hatte er bereits die ersten verschwommenen Ideen im Kopf, wie er für den Rest der Sterblichen vergessene Paläste wiederaufbauen könnte.

Der Übergang vom Schlafzimmer (*dormitorio*) zum Bad greift fast sakral wirkende maurisch-arabische Gestaltungsmerkmale auf

Vista Hermosa

Unter den Häusern, die in diesem Buch vorgestellt werden, gibt es wohl kaum ein zweites, das einen so großen Gegensatz zu den Charakteristika der traditionellen ibizenkischen Baukunst verkörpert, die Funktionalität so organisch mit Naturverbundenheit vereint. Während in der volkstümlichen Architektur Natürlichkeit, Asymmetrie und die Ökonomie der Mittel und Bewegungen vorherrschen, zeichnet sich Vista Hermosa (»schöner Blick«) durch gewollte Künstlichkeit, Symmetrie und eine größtmögliche Entfaltung architektonischer Kunstgriffe aus. Natürlich ist dieses Haus typisch für eine Tendenz, die für die meisten europäischen Wahlibizenker zwar eher ungewöhnlich ist, aber als Teil eines universellen Modells in sämtlichen Teilen der Welt anzutreffen ist – in Miami ebenso wie an den Ufern des Hudson River, in englischen Grafschaften ebenso wie in der Pariser Vorstadt. In Fachkreisen hat diese neoklassische Beliebigkeit unter der Bezeichnung

›Postmoderne‹ eine heftige, wenn auch kurzlebige Debatte ausgelöst.

Vista Hermosa gehört zu den Häusern, die am konsequentesten dem Zweck angepaßt sind, den sie zu erfüllen haben. Was in diesem Fall bedeutet, Wohnsitz einer bekannten deutschen Schauspielerin zu sein, die hier rund ums Jahr lebt, also auch im Winter, wenn im restlichen Europa die Quecksilbersäule des Thermometers bedrohlich in die Tiefe sinkt.

Es ist kurios zu sehen, wie die dem Haus eigene Künstlichkeit ein ganz spezifisches Umfeld erfordert, um in der Hügelkette entlang der Landstraße von Ibiza-Stadt nach Santa Eulalia nicht als Fremdkörper in der Landschaft zu wirken. Vor dem Zentrum des Gebäudes ist am Fuße einer Freitreppe, inmitten von vier Rasenflächen, ein Springbrunnen angelegt. Einige kleinere Böschungen schaffen Sekundärachsen. Abgesehen davon hat der Garten oder besser das Land rund ums Haus seine ursprüngliche Gestalt bewahrt. Hier stehen Obstbäume, um die sich die Hausherrin selbst kümmert; die weiter entfernten Bereiche sind von Dickicht überwuchert, das die sommerliche Wärme speichert.

Das Innere des Hauses erschließt sich dem Besucher gleichsam im Takt der aufeinanderfolgenden und miteinander verbundenen Räume – wie in den Villen des italienischen Baumeisters Andrea Palladio. Die breiten Durchgänge sind von mächtigen Säulen flankiert, und das Ende der Blickachse bildet ein imposanter Marmorkamin mit dem entsprechenden großen Spiegel, der das Abbild von Kandelabern, Ölbildern und Ohrensesseln zurückwirft.

Nachfolgende Doppelseite:
Bei der Gestaltung der verschiedenen Salons und des Badezimmers fällt die ausgefeilte Inszenierung der Materialien, Formen und Farben auf.

So wie sich aus einer Stilrichtung, in diesem Fall dem Neopalladianismus, aufgrund der Anpassung an die unterschiedlichen örtlichen Gegebenheiten auch eine Vielzahl unterschiedlicher Varianten herausgebildet hat (so könnte man Vista Hermosa vage zwischen dem amerikanischen Kolonialstil und dem französischen Stil einordnen), so gibt es auch für die Inneneinrichtung eine ursprüngliche Richtschnur, die sich zu einem schier unendlichen und völlig internationalisierten Katalog innenarchitektonischen Zubehörs ausgeweitet hat – eine postmoderne Vielfalt, die sich hier allerdings makellos und auf das sorgfältigste gepflegt präsentiert.

In den Salons von Vista Hermosa führt man ein Leben zwischen gemächlichen Spaziergängen über Land und ausgedehnten Abendessen in großer Gesellschaft. Dann entwickeln sich im großen Eßzimmer stimmungsvolle Szenarien, wie man sie aus den Filmen jener Zeit kennt, da die Hausherrin selbst noch als Schauspielerin aktiv war.

Der Künstlichkeit der architektonischen Elemente wird durch deren Einbettung in die mediterrane Landschaft die Strenge genommen.

Der goldene Schnitt

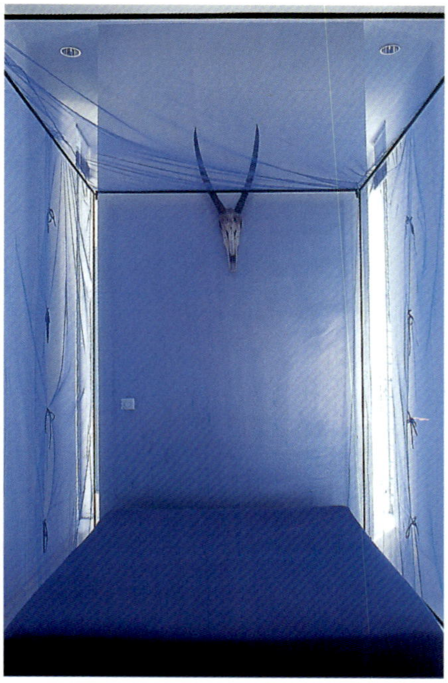

Im Jahre 1984 gelangte ein kreativer deutscher Werbefachmann nach Ibiza und Formentera, und gleich auf Anhieb konnten die Inseln in seinen Augen etliche Pluspunkte verbuchen. In seiner Rangliste ferner Paradiese, die sich für einen Zweitwohnsitz jenseits von Streß und Hektik seines Berufslebens anboten, standen die Balearen-inseln fortan ganz oben. Auch die problemlose Anreise und die günstigen Klimabedingungen sprachen für Ibiza und gegen schwer erreichbare exotische Ziele.

Systematisch prüfte der Deutsche die für den Bau eines neuen Hauses in Frage kommenden Plätze. Die Pläne dazu sollte ihm ein befreundeter Architekt entwerfen. Die Liste der möglichen Standorte war von vornherein dadurch eingegrenzt, daß das Haus nicht nur Meerblick haben, sondern auch eine anregende Perspektive für das künstlerische Schaffen des Eigentümers bieten sollte. Schließlich fand er mit gewohnter Dickköpfigkeit, was er suchte und was seine Erwartungen sogar noch überstieg: Die Cala Carbó gehört zu den vielen versteckten Buchten, die Ibizas Westküste zwischen der Westflanke der Bucht von San Antonio und dem Cabo Llentrisca zu bieten hat. An bei-

den Eckpunkten dieses Küstenabschnitts sind kleine Inseln vorgelagert: Vor der Bucht von San Antonio liegt die Isla Conejera mit ihren kleinen Nebeninselchen, und beim Cabo Llentrisca, genauer gesagt beim Cabo Jue, ragen die imposante, sagenumwobene Felseninsel Es Vedrà sowie der kleine Felsen Es Vedranell aus dem Meer.

Es Vedràs ebenso stolze wie schroffe Erscheinung hätte auch die anspruchsvollsten romantischen Landschaftsmaler des späten 18. Jahrhunderts in Entzücken versetzt. Die schwindelerregenden Höhen, in die sich der Felsen steil erhebt, der doppelte, stark zerklüftete Zackensims bringen alle Größenmaßstäbe durcheinander, und auch den Menschen an der Schwelle zum 21. Jahrhundert erschließt sich noch der übernatürliche und wunderbar tragische Reiz dieses mysteriösen Felsens. Diese Insel, die der Sage nach von einem Einsiedler bewohnt war und auf der heute nur noch ein paar Ziegen leben, bildet nun den ständigen Prospekt für den herrlichen Blick vom Haus des deutschen Werbemannes.

Der Eingangsbereich, die *sala*, der Swimmingpool und die Felseninsel Es Vedrà verschmelzen zu einer phantastischen Einheit.

Dem Architekten gelang es meisterhaft, die Visionen des Bauherrn umzusetzen. Binnen zweier Jahre entstand der strenge Baukörper aus Materialien, die sich von dem auf Ibiza verwendeten Kalkputz deutlich abheben: Metall und Glas in der rationalistischen deutschen Tradition – Mies van der Rohes Haus Tugendhat in Brünn als Vorbild im Kopf des Architekten tat ein übriges ...

Der Hausherr legte großen Wert auf den Schutz und die Betonung der Privatsphäre und stellte deshalb das übereinanderliegende Raumpaar Schlafzimmer/Wohnzimmer in den Mittelpunkt. Eine Treppe sollte als verbindendes Element dienen. Diese funktionale Achse steht vertikal im Eingangsbereich. Sie markiert einen großen offenen Raum. Ihm gegenüber liegen mehrere geschlossene Räume. Der Eingangsbereich führt über einen großen Quader hinweg und eröffnet dem Besucher durch die Glasfronten den Blick auf Es Vedrà.

Trotz allem hat sich die moderne Technik bescheiden an der traditionellen Erfahrung orientiert, und der Schnitt des Hauses mit der geschlossenen Nordseite und einem Vordach nach Süden greift wieder das alte Schema der ländlichen ibizenkischen Bauweise auf. Das Haus entspricht nun allem anderem als der neuen Tendenz zum ›Existenzminimum‹. Es entfaltet seine großzügige Räumlichkeit durch gigantische Schiebetüren aus Glas, wobei auch der Bereich des Pools integriert ist.

Aus seinem Sessel kann der Eigentümer des Hauses einen ständigen Szenenwechsel verfolgen: Auf die ergiebigen Regenfälle im Februar folgt beinahe im Handumdrehen das Herabfallen der Sternschnuppen im August. Alles verändere sich ununterbrochen, erklärt er, vor allem das Licht mit seiner ständig wechselnden Intensität. Nur der Felsen Es Vedrà streckt unerschütterlich sein markantes Profil in den Wind und behält seine vollkommenen Proportionen bei, die dem »goldenen Schnitt« der pythagoreischen Lehre entsprechen.

Rechts:
Auch wenn der Einsatz moderner, zeitgenössischer Architekturformen auf Ibiza eher ungebräuchlich ist, paßt sich der weiße Kubus harmonisch an die Berghänge in der Cala Carbó an.

Fata Morgana

Es gibt auf der Insel drei Ausnahmen von dem sonst üblichen Grundmodell des weißen, freistehenden Hauses. Sie befinden sich in der Gegend um San Lorenzo, genauer gesagt in den Ausläufern der Hügelkette. Hier haben wir es mit Ensembles von mehreren Häusern bzw. Gebäudeteilen zu tun. Die bekannteste dieser drei Ausnahmesiedlungen ist der Ort Balafi, der mit seinen mit eigentümlichen Zeichen versehenen runden Wehrtürmen zu einem der zahlreichen Wahrzeichen Ibizas geworden ist. Balafi ist wie Atzaró und Morna, die beiden anderen Beispiele dieser Siedlungsform, aus einem wehrhaften Kern von fünf aneinandergebauten Häusern entstanden. Bei jedem einzelnen dieser Häuser sind die inseltypischen Strukturmerkmale immer mehr oder weniger klar erkennbar. Das Kuriose daran ist die komplexe Form der ganzen Baugruppe, sei es in paarweiser Anordnung oder in der Verbindung einzelner Gebäudeteile über eine kleine Freifläche oder über eine Gasse hinweg. Das verbindende Element des pittoresken Ensembles ist die weiße Farbe der getünchten Mauern. Einzigartig ist die Anlage wegen der drei Rundtürme, die der Verteidigung dienten. Eine

Vielzahl von Nebengebäuden – Ställe, Backöfen, Werkzeugschuppen – schließt sich an die Haupthäuser an und vervollkommnet die homogene Häuserlandschaft, die nur durch die leuchtend braune Tönung des Natursteins unterbrochen wird, aus dem die Türme gebaut sind.

Man kann sich vorstellen, daß einem Kenner wie Rolph Blakstad, der in den vergangenen dreißig Jahren jeden Winkel des ibizenkischen Hinterlandes erforscht hat, ein so augenfälliges Beispiel der traditionellen Architektur ans Herz gewachsen ist. Als er aber 1990 ein niederländisches Paar kennenlernte, das seit 1973 auf Ibiza lebte und ihn – nach langer vergeblicher Suche nach einem neuen Domizil – damit beauftragen wollte, in der Nähe von Balafi ein neues Haus zu bauen, ging er mit gemischten Gefühlen an dieses Projekt. Zum einen sollte das geplante Gebäude der Größe nach dem gesamten Komplex von Balafi gleichkommen, so daß eine ästhetische Konkurrenzsituation zu befürchten war. Zum anderen beruhen die besondere Sensibilität und die architektonische Konzeption Blakstads auf dem Verständnis der Baugeschichte Ibizas als einer stilistischen Kontinuität, die jene beiden einflußreichsten architektonischen Traditionen des Mittelmeerraumes, die griechische und die arabische, zu vereinen sucht. Diese Einstellung, die man als ›kulturhistoristisch‹ abtun könnte, unterscheidet sich trotz der Sorgfalt, mit der Blakstad jedes noch so kleine Element des traditionellen ibizenkischen Hauses untersucht hat, grundlegend von der eher objektiven Sichtweise eines Philippe Rotthier, bei der weniger auf die Geschichte als vielmehr analytisch auf die vorhandenen traditionellen Bauformen geschaut wird.

Natürlich weiß man nicht, ob der Architekt diese Überlegungen tatsächlich angestellt hat, als seine Kli-

enten ein großes Haus in Auftrag gaben, das über einen Innenhof verfügen und mit seiner Grundfläche ein großes Kreuz auf der abgeflachten Bergkuppe bilden sollte. Das Resultat legt jedoch diesen Schluß nahe.

Ein Teil des Waldes wurde abgeholzt, um das Haus bei möglichen Waldbränden besser schützen zu können. Auf der gewonnenen Freifläche wurde ein herrlicher, arabisch inspirierter Garten angelegt, der vor allem einen würdigen Rahmen für den Swimmingpool abgeben und die nach Süden gerichtete Fassade des Hauses, wo die Haupträume liegen, mit den Wohlgerüchen seiner Blumen und Pflanzen versorgen sollte.

Das Haus beeindruckt spontan, während der liebenswürdige Eigentümer die Besucher in der Diele bzw. dem *patio*, dem Zentrum des Wohntrakts, Willkommen heißt. Bei diesem *patio* handelt es sich um eine (möglicherweise sogar maßstabsgerechte) Kopie des Innenhofes der Moschee von Zabid, jenes verschlafenen Dörfchens im Jemen, in dem angeblich die Algebra erfunden wurde. Pier Paolo Pasolini diente dieser Ort als Kulisse für seinen Film »Erotische Geschichten aus 1001 Nacht«. Den Innenhof zieren ein orientalisch anmu-

tendes Wasserbecken sowie eine Reihe von Springbrunnen aus weißem Marmor, die auch aus der Alhambra stammen könnten.

Mit außerordentlicher Geschicklichkeit in der Planung wie auch in der Ausführung ist es dem Architekten gelungen, den Traum des Hausherren in die Realität umzusetzen. Das Traumhafte auch in die eher funktionalen Wohnbereiche hinüberzuretten, war naturgemäß schwieriger. So kommt es, daß beispielsweise die *sala* unter der Starrheit des vorgegebenen Grundrisses sogar leidet. In ihrer unterkühlten Atmosphäre ist von dem behaglichen Komfort mancher Räume der Alhambra nichts zu spüren.

Im Garten kommt Blakstads Brillanz dann wieder zum Tragen. Dort hat er sich offenbar größere kompositorische Freiheiten gestattet. Unter geschickter Einbeziehung der Gegebenheiten des Geländes sowie des Wassers als Gestaltungselement hat Blakstad hier ein romantisches Gartenkunstwerk von großer Magie geschaffen.

Vorhergehende Seite:
Die friedliche Ruhe einer warmen Sommernacht liegt über dem arabisch inspirierten Innenhof.

Der axiale Grundriß und die Filterung des Lichts unterstreichen den orientalischen Charakter des Anwesens.

Auf dem Puig de Sa Bassa

Die Sonne steht senkrecht über den Pinien, und die Luft ist erfüllt vom Zirpen der Zikaden und dem intensiven Duft blühender Sträucher. Diese Eindrücke begleitet den Wanderer, der von San Carlos aus einen der Ausläufer des Sa Talaia erklimmt. Noch ein paar Schritte, und man erreicht eine magische Stelle: eine betonierte Fläche, die von zwei kahlen Mauern begrenzt wird. In dieser künstlichen, aber vom Wald und der sich in der fernen Unendlichkeit verlierenden blauen Linie des Horizonts eingerahmten Landschaft ist eine Reihe von Betonskulpturen aufgebaut – Skulpturen von aufregender Form und morbider Textur, die verraten, daß hier ein kreativer Geist künstlerisch tätig ist.

Von der Bergkuppe aus, wo sich das Bildhaueratelier befindet, sieht man weiter unten, an den Hang geschmiegt, das alte Haus des Puig de Sa Bassa. Hier wohnt der Künstler mit seiner Frau und seiner Tochter. Das Haus ist von Obstbäumen umgeben, während im Rest des Gartens die Natur ungebremst wuchert.

Der Bildhauer stammt aus einer Mailänder Familie, deren Herkunft auf das 16. Jahrhundert zurückgeht. Seit seiner Jugend hat er seine Talen-

te in verschiedenen Bereichen bewiesen: im Sport, in der Literatur und schließlich in der Bildhauerei. Zur Blütezeit der von Claude Lévi-Strauss begründeten französischen Schule studierte er Ethnologie. In den 50er Jahren bildete seine Kenntnis afrikanischer Kunst – Mali, Obervolta, Kamerun, Nigeria – die Brücke zwischen seinen beiden Disziplinen, der Anthropologie und der Bildhauerei.

Bei seinen Segeltörns durchs Mittelmeer hatte er schon einige Male im Hafen von Ibiza festgemacht, bevor er hier 1974 endgültig an Land ging. Der Bildhauer und seine Frau waren beide entzückt von der Präsenz des kulturellen Erbes auf der Insel. Mehrfach hielten sie sich auf Ibiza auf, um einen passenden Wohnsitz zu finden. Schließlich kauften sie von einem Deutschen 1979 den Puig de Sa Bassa und zogen dort ein, noch bevor das Haus richtig möbliert war. Erst ab 1982 begann dieser Wohnsitz einen gewissen Komfort anzunehmen. Dann erst brachte der Bildhauer eine bedeutende afrikanische Sammlung sowie seine eigenen Werke unter. In der Kombination ergab sich daraus eine höchst ungewöhnliche Innenlandschaft.

Den Kontakt zur Heimatstadt haben der Bildhauer und seine Frau nie aufgegeben: Er richtet weiterhin Ausstellungen aus, schreibt Artikel für den »Corriere de la Sera« und hält sein Mäzenatentum für ethnologische Museen in Italien aufrecht. Seine Tochter arbeitet als Grafikerin und steht per Computer mit ihrer Kundschaft in Verbindung. Auf Ibiza haben sie jene Atmosphäre gefunden, die sich hier so deutlich manifestiert und doch kaum zu erklären ist: jene Mischung aus Licht, Ruhe, den noch per Hand durchgeführten Arbeiten, der Liebe zur Natur, dem gemäßigten Lebenstempo, dem Fehlen des Konsums, der Liebe zum Detail und zum Wesentlichen. Sie mochten das alte Haus, das Eßzimmer mit der großen Glocke, den Ofen, die Laubengänge und die Ställe und bauten nur noch einen neuen Flügel an. Dieser Flügel wurde aus Originalstein aus den Bergen von San Carlos errichtet. Der Ansatz an das alte Gebäude verschwand unter von Bougainvilleen und Glyzinien.

Das Innere des Hauses lebt von der Spannung zwischen den afrikanischen Skulpturen und den eigenen Werken des Hausherren.

Nachfolgende Doppelseite:
Die für alle ibizenkischen Fincas charakteristische Vielfalt der das Haus umgebenden abgestuften Terrassen und Außenräume findet hier im Freiluftatelier des Hausherren ihren Höhepunkt.

Die Neu-Insulaner wissen auch die Großzügigkeit und das Wohlwollen zu schätzen, die man ihnen hier entgegengebracht hat, und beklagen das, was in den Touristen-Hochburgen abseits des magischen Hinterlandes passiert. Sie träumen – und das ist eher die Ausnahme unter den auswärtigen Grundbesitzern – von einer bescheidenen Existenz, wo Arbeit und Leben noch zusammengehören. Dies ist auch die Welt von Dolo Bara, des Häuptlings der Dogon in seinem Dorf am Engpaß des Bandjagara. Die Familie lernte ihn kennen, als sie in Mali lebte.

Auch deshalb vielleicht besitzt das Haus keine extravagante Note, keine

ausgefallenen Besonderheiten in bezug auf den Entwurf, die Möbel, die Einrichtung. Dessen Normalität ist schon durch die Normalität des Lebens seiner Bewohner gegeben. Vor diesem Hintergrund führen die afrikanischen und die eigenen Skulpturen des Künstlers ein aufregendes Eigenleben, gerade so, als sähen die Bewohner des Hauses in ihnen einen Talisman, der es ihnen erlaubt, das Leben und das Wesen der Kreativität zu verstehen. Diese Skulpturen werden wie Einrichtungsgegenstände behandelt, wie um zu demonstrieren, daß ihre Bedeutung auf ihrer Teilnahme am täglichen Leben der Hausbewohner und deren Gedankenwelt beruht. Fragt man den Bildhauer nach den Künstlern, die ihn am stärksten beeinflußt haben, erwähnt er Brancusi, die anonym gebliebenen Künstler der Kykladen, die namenlosen romanischen Maler und jenen bescheidenen italienischen Künstler des 15. Jahrhunderts namens Paolo di Dono, den man Uccello nannte.

Der Einzelkämpfer

In drei von vier Himmelsrichtungen zeigt Ibiza-Stadt ein klares, harmonisches Profil; doch dort, wo sich die Stadt in Richtung Westen ausdehnt, gehen ihre eigentlich komplexen Strukturen in gesichtslose Neubauten über, nimmt ihre Architektur, die sich sonst durch formale Harmonie, durch richtige Proportion und den sensiblen Umgang mit dem Licht auszeichnet, die Gestalt einer formlosen Ansammlung von Baukörpern an. Kaum zu glauben, daß ausgerechnet in diesem Ambiente ein Künstler lebt, der sich genau diese anonyme und negative Sphäre des Viertels zunutze macht und in einem winzigen Appartement eine irrwitzige Phantasiewelt verwirklicht. Tag für Tag kämpft der Künstler gegen die extreme Begrenztheit seiner Unterkunft an, indem er visuelle Illusionen erfindet und gegen sämtliche Regeln des Stils und des guten Geschmacks verstößt. Auf diese Art und Weise versichert er sich seiner Unabhängigkeit und demonstriert seine kosmopolitische Denkweise.

Olivier Mourão ist ein brasilianischer Maler, dem sein eigenes Heimatland schnell zu eng wurde. Daraufhin begann er zu reisen, um Neues kennenzulernen und sein künstlerisches Abenteuer intensiver zu erleben. Er glaubt, daß Künstler früher, zu Beginn des 19. Jahrhunderts, das Glück besaßen, am Anfang ihrer künstlerischen Karriere eine ›*Grand Tour*‹ machen zu können, die ihren Horizont erweiterte. Seiner Meinung nach waren es die Engländer, die diese Chance am besten zu nutzten und sich meisterhaft verschiedener Stilrichtungen, Kulturen und Lebensformen

zu bedienen verstanden. Olivier verteidigt seine manieristische Vision, die im Gegensatz zu jener ›Less is More‹-Einstellung steht, die Kunst des 20. Jahrhunderts prägenden mit heißem Herzen. London ist in seinen Augen die Metropole schlechthin, wo man auf eine Anhäufung von Qualität und Raffinesse stößt. Ibiza dagegen verheißt die größtmögliche Freiheit und ist daher das ergänzende Pendant zum britischen Formalismus bzw. seiner unterkühlten Förmlichkeit.

Der Maler entschied sich schließlich dafür, die wärmsten Monate auf der Insel zu verbringen und den Rest des Jahres über in England zu arbeiten. Somit wechselt sich jeweils eine kreative Etappe mit dem Zeichnen von Skizzen mit einer anderen ab, in der das Vollenden der Werke auf Leinwand im Vordergrund steht. Im Gegensatz zu anderen Hauseigentümern auf Ibiza möchte Olivier weder ruhig noch isoliert leben, sondern sucht den ständigen Kontakt mit der Menge, mit seinen Freunden. Dies tut er grundsätzlich am liebsten am Strand oder in der Diskothek. Für ihn ist sein Haus nur eine Verlängerung dieser öffentlichen Sphäre, ist voller mehr oder weniger irrealer Figuren, wunderlicher Objekte und darüber hinaus von einem ›höllischen Lärm‹ erfüllt. Für Olivier bedeutet dieser Überfluß bzw. dieses ›Overdesign‹ eine kulturelle Mischung, die er als überaus positiv bewertet und für die moderne Kreativität als wichtig empfindet. Ibiza hat seiner Meinung nach diese Mischung verschiedener Menschen, Sprachen, Gebräuche etc. aufgrund einer großen Magie, einer metaphysischen

Natürlichkeit, die von der Insel freigesetzt wird und die therapeutische Heilkräfte besitzt.

In diesem Zusammenhang ist Mourãos Entscheidung zu sehen, allen Gesetzmäßigkeiten des normalerweise von Wahl-Ibizenkern gepflegten guten Geschmacks zum Trotz dieses graue Viertel zum Wohnsitz zu wählen und hier geduldig sechs Jahre lang ein Haus einzurichten. Hier entwirft er eine abgeschlossene Welt, die als Begrenzung nur den Horizont seiner Phantasie besitzt. Die konventionellen Trennwände der Wohnung wurden eingerissen, die Terrasse geändert und aus dem Umbau entstand die neue Wohnlandschaft als komplexes Trompe-l'œil wie Phönix aus der Asche.

Für Olivier ist sein Haus die perfekte Fortsetzung der Innenausstattung des berühmten »Pacha«, einer Diskothek, deren hämmernde House-Rhythmen einen irrealen, von Lichtblitzen durchzuckten dunklen Raum füllen.

Die phantasievolle Ausgestaltung mit Trompe-l'œil- und anderen bildhaften Effekten, mit ironischen Zitaten und dem Einsatz kräftiger Farben und betonender Formen hat das konventionelle Appartement in eine ungewöhnliche Traumwelt verwandelt.

Francis Bacon

Memphis House

José gehört zu den bekanntesten Persönlichkeiten der Modewelt auf Ibiza. Schon seit den 1960er Jahren ist seine Boutique »The End« am Rand des Yachthafens von Ibiza-Stadt in aller Munde. Über den bloßen kommerziellen Erfolg hinaus entwickelte sich der Name »The End« zu einem echten Markenzeichen in der unabhängigen Off-Modeszene.

Im Jahre 1982 errichtete José seinen Wohnsitz in Can Martinet auf der Basis bereits bestehender Grundmauern. Seine Idee bestand darin, ein Gebäude in schlichter Kastenform um einen zentralen Innenhof herum zu bauen, in dem das Schwimmbad angelegt werden sollte. Eine Reihe von Öffnungen und Vertiefungen für den Lichteinfall von oben sorgten für ein scharfumrissenes Spiel mit Licht und Schatten – nicht untypisch für die zeitgenössische Architektur.

Die alte Finca auf dem riesigen Grundstück war in den 1970er Jahren für ihre nächtlichen Feste berühmt-berüchtigt, bei denen im flackernden Schein der unvermeidlichen Fackeln braungebrannt Körper zu sehen waren, oft nur mit Bodypainting ›bekleidet‹. Heute, in den letzten Jahren, erklärt José, seien diese Feten eingestellt worden, da der Massenandrang der Besucher zu groß geworden sei.

Das beim Bau des alten Hauses seinerzeit verwendete Material zwang José aus Gründen der Einheitlichkeit, den alten Grundriß beizubehalten; die klaren äußeren Linien, ja sogar der Kamin und seine Simse im Inneren sowie der Lichteinfall blieben unverändert. Diesem Hintergrund wollte José ein völlig ›gegenständliches‹ Mobiliar entgegensetzen, das sich möglichst gut mit den Werken befreundeter Künstler wie z. B. Gustavo Elorriaga kombinieren ließ. Es war die große Zeit des Meisters Ettore Sottsass und seiner Gruppe »Memphis«, der Beendigung des radikalen, antimodernen Stils und der Zeitschrift »Domus« von Alessandro Mendini. Es

waren auch die Jahre des Aufbruchs von Mariscal und der Entwürfe von Eduardo Samsó, die beide so viel Einfluß auf das vorolympische Barcelona ausgeübt haben.

In diesem für Besucher stets offenen Haus arbeitet José auch. Von hier aus steht er mit den großen Modezentren der Welt in Verbindung, erwirbt von hier aus seine Kollektionen und verschickt Ware. Diese Verbindung von Privat- und Arbeitssphäre sorgte dafür, daß »Memphis House« weder eine bieder-häusliche Atmosphäre noch der geringste Touch jenes Folklorismus' anhaftet, der für die meisten Wohnsitze von Ausländern auf Ibiza so typisch ist. Vielmehr machen das Ambiente und der öffentliche Charakter des Hauses aus dem Anwesen eine gelungene Mischung aus moderner Kunstgalerie und einer eleganten Modeboutique. Und in diesen Rahmen paßt der Hausherr mit seiner vitalen und kreativen Art ganz ausgezeichnet hinein.

Das Stilempfinden der europäischen Moderne verbindet sich mit den Anleihen an traditionelle ibizenkische Architektur zu einer großzügigen Raumwirkung, die durch den minimalistischen Einsatz einzelner Objekte und Skulpturen noch verstärkt wird.

Unter Einbeziehung der spiegelnden Wasserfläche des Pools fungieren die Vorhallen (*porxos*) des Hauses als Lichtfilter.

Sonnenreflexe bei Can Micali

Der Nordwesten Ibizas besitzt einen ganz eigenen Charakter. Zwischen den Landstraßen nach San Antonio und San Miguel erstreckt sich ein Gebiet, das etwas Grandioses an sich hat: wegen des lebhaften Landschaftsbildes möglicherweise, wegen der ländlichen Prägung der Costa d'Aubarca, aber auch wegen der Größe der Anwesen und dem Fehlen größerer Ansiedlungen städtischen Charakters. Das heißt nicht, daß diese Landschaft nicht auch ihre lieblichen Seiten hat, insbesondere dort, wo die *torrentes*, die Bergwasserschluchten, in die Küstenlinie einschneiden und Obstplantagen mit Orangen-, Zitronen- und Granatapfelbäumen angelegt wurden sowie der Wein gedeiht. Der Nordwesten ist der landschaftlich intakteste Teil der Insel.

In einem dieser Täler liegt in der anregenden Nachbarschaft eines alten Steinbruchs das Haus eines bekannten deutschen Bildhauers, dessen Werk in zahlreichen Museen und zeitgenössischen Kunstgalerien ausgestellt ist. Seine Skulpturen bevölkern auch sein eigenes Grundstück auf Ibiza und führen in der Landschaft ein ungewöhnliches Eigenleben.

Noch als Student kam der Bildhauer im Jahre 1953 nach Ibiza und

verliebte sich Hals über Kopf in die Insel. Er beschloß, hierher zurückzukehren, sobald er den gesamten Mittelmeerraum bereist hätte. Eine Reihe von Aufenthalten in verschiedenen Landhäusern auf der Insel regte ihn nicht nur dazu an, sich dauerhaft auf Ibiza niederzulassen, sondern beeinflußte auch sein gesamtes künstlerisches Schaffen. Die schon fast sprichwörtlichen inspirierenden Kräfte Ibizas und die kräftige Sonne, ja das gesamte ibizenkische Leben floß in sein Werk ein. Im Laufe von zwei Jahren sammelte der Künstler Eindrücke vom bäuerlichen Leben. Deren Zeugnisse und Hunderte von Fotografien füllen heute einen beeindruckenden Bildband, den er vor kurzem veröffentlichte.

Aufgrund seiner Besessenheit von der Insel war er auch sehr anspruchsvoll, als es darum ging, sich einen ständigen Wohnsitz zu suchen. An die vierzig alte Häuser besichtigte er, bevor er in der vom Tourismus unberührten Zone zwischen Santa Inés und Santa Gertrudis schließlich fand, was er suchte. Dort machte der Künstler in einem Pinienwald oberhalb des bereits erwähnten Steinbruchs ein ibizenkisches Landhaus mit einem herrlichen, unverstellten Blick ausfindig. Es wies die traditionelle Bauweise mit der großen *sala*, zwei Zimmern an der Rückseite des Hauses und verschiedenen rechts und links vom Haus gelegenen Nebengebäuden auf. Die Front des Hauses ist gen Süden gewandt, der hintere Teil an den Abhang geduckt, um Schutz vor dem Nordwind zu finden.

Nach einer Reihe von Umbauten und Erweiterungen plazierte der Künstler seine Werkstatt so, daß sie

Reizvoll kontrastieren die wuchtigen Ausmaße des Gebäudes mit der romantischen Landschaft.

sich am Rande der schroffen Abbruchkante des Steinbruches befand. Unmittelbar gegenüber liegt eine ebene Freifläche, auf der er seine Skulpturen aufstellt.

Der östliche Teil des Wohnbereiches enthält eine Zimmerflucht, die auf behagliches Leben im Winter ebenso eingestellt ist wie auf die sommerliche Wärme. In der Verlängerung führt eine Reihe von Stufen zum großen Schwimmbad hinab. Am Nordende des Pools steht ein Ruhepavillon, der zusammen mit einer nach Westen verlängerten Mauer als Schutz vor abrutschendem Erdreich dient, das früher bis zum Haus vordringen konnte.

Der Bildhauer, der sein Haus mit Frau und Tochter teilt, hat mit der Restaurierung von Balken, Türen, Bodenbelägen, alten Acker- und Haushaltsgeräten Fleißarbeit vollbracht. Einige der Gegenstände wurden unter seinen Händen zu magischen Skulpturen, die das makellose, von gedämpftem Licht überflutete Ambiente noch unterstreichen.

In diesem Fall war der ›Traum‹ des Hauseigentümers sehr ähnlich gelagert wie bei den Architekten des -beginnenden 20. Jahrhunderts. Ihr Wunsch bestand darin nachzuweisen, daß die volkstümliche Architektur im allgemeinen und die ibizenkische mit ihrer organischen Planung und dem sparsamen Entwurf im besonderen in der Lage sind, sich an die funktionellen Aspekte moderner Architektur anzupassen. Von daher bot sie die besten Bedingungen für die Umsetzung des von vielen Wahl-Ibizenkern angestrebten Ideals: sich selbst zu verwirklichen, in einer privilegierten Situation Leben und Arbeit zu vereinen, kurz dem vollkommenen Glück auf Erden sehr nahe zu kommen.

Skulpturen des Hausherren, Gebrauchsgegenstände und kunsthandwerkliche Objekte stehen einträchtig nebeneinander.

Seite 172/173:
Die bassinartige Anlage des Pools und die Palme greifen das maurische Erbe der Insel auf.

La Colmena/Der Bienenstock

Nordöstlich von Ibiza-Stadt gelangt man hinter der Ebene von Jesús bergan zum Golfplatz Roca Llisa, dessen ›*Green*‹ in manchen Jahreszeiten diese Bezeichnung nicht unbedingt verdient. Vielleicht ist einfach das ibizenkische Klima nicht das geeignetste für eine so angelsächsische

Freizeitbeschäftigung. Wie jeder Golfplatz, der etwas auf sich hält, besitzt auch Roca Llisa eine sogenannte *urbanización*, in diesem Fall einen terrassenförmig abgestuften Appartementkomplex, der das Landschaftsbild immerhin weniger stört als die unendliche Menge jener phantasielosen einstöckigen Einzelhäuser, mit denen alle Hänge an der Ostküste übersät sind. In dem bunten Stelldichein der kleinen Appartements, deren Terrassen alle in Richtung Formentera weisen, lebt ein liebenswerter und kultivierter Mann aus der Antiquitätenbranche.

Wie viele der aus dem Ausland Zugereisten kam er schon als sehr junger Mann nach Ibiza, zu einer Zeit, da es auf der Insel lediglich in der Bucht von San Antonio eine touristische Infrastruktur gab. Damals kostete eine Übernachtung in dem dortigen Hotel »Bahía« noch weniger als hundert Pesetas. Er wollte zunächst nur drei Monate bleiben, entschied sich aber nach deren Ablauf, Ibiza nicht mehr zu verlassen, gesetzt den Fall, er fände eine Beschäftigung, die ihm gefiel. Eine solche eröffnete ihm schließlich seine Vorliebe für Antiquitäten. Als er zum ersten Mal feststellte, daß er einige Schnäppchen von der Insel in der Schweiz zu einem guten Preis verkaufen konnte, stürzte er sich mit Leib und Seele auf den Antiquitätenhandel. Er wählte London als zentralen Standort für seine Aktivitäten in Europa und erwarb sich im Laufe der Zeit Kenntnisse, die ihn zu einem hervorragenden und erfahrenen Antiquitäten-Fachmann werden ließen.

Er überlegte hin und her, wo er sich ein Haus kaufen sollte, erwarb einmal sogar schon ein Grundstück bei San Miguel, dachte daran, ein Palais in der *dalt vila* zu kaufen, und

verwarf schließlich auch den Gedanken, seinen Wohnsitz in einer teuren *urbanización* in der Nähe der Cala Molí aufzuschlagen. Sein gesunder Pragmatismus brachte ihn am Ende dazu, sich für ein Appartement im »Bienenstock« von Roca Llisa zu ent-

scheiden, dem Inbegriff von Luxus in völliger Anonymität.

Nur wenige Nachbarn wissen von der kleinen Welt erlesener Antiquitäten, mit denen er sich hier umgibt. Um für die Möbel einen geeigneten Rahmen zu schaffen, hat er aus seinem gesamten Appartement einen einzigen Raum gemacht, der in der Verlängerung durch die Terrasse zusätzlich an Großzügigkeit gewinnt. Der Eindruck räumlicher Weite wird scheinbar paradoxerweise noch durch das Vorhandensein einiger Säulen und Trennwände unterstrichen, die die Vielgestaltigkeit des unterteilten Raumes gegenüber der bloßen Leere betont.

Die zweite wichtige Entscheidung bestand darin, die ganze Wohnung in einer einzigen Farbe zu streichen, und zwar in einem raffinierten Purpurrot, was den Räumlichkeiten den Charakter einer Kunstgalerie verschafft. Und schließlich sind auch die Möbel und anderen Stücke selbst keinem Zwang unterworfen und können sich sozusagen als autonome Objekte frei im Raum ›bewegen‹, was erneut den Abwechslungsreichtum betont.

So paart sich die bleiche Pracht einiger römischer Torsi mit der noblen und warmen Textur englischer Möbel aus der Zeit George III. oder die exo-

tische Erscheinung einer Feuerstelle aus Muschelschalen mit Art- deco-Objekten aus Macao. In der Mitte des Zimmers schließlich greifen riesige Kästen und Blumenvasen aus kirschrotem indonesischem Holz die Farbe der Wände wieder auf.

Gleichsam als Krönung des Gestaltungswillens des Hausherrn wurde mit dem Übergang zwischen Innen und Außen ein raffiniertes Verwirrspiel getrieben. So stehen z.B. Grünpflanzen im Innenraum und Polstermöbel im Freien, nur durch die großen Glasscheiben voneinander getrennt, in denen sich das Blau des Himmels oder des Meeres unvermeidlich widerspiegelt.

Seite 177:
Der Verzicht auf Trennwände macht aus diesem Appartement den idealen Präsentationsraum für die gesammelten Kunstschätze seines Besitzers.

Oben und rechts:
Die Einbeziehung der Terrasse in den Wohnbereich, die durch ihre Möblierung als *sala* erreicht wird, verleiht dem Ausblick eine Tiefe, die selbst noch die schemenhaften Umrisse der Nachbarinsel Formentera am Horizont erfaßt.

Can Colomer

Die positive dialektische Spannung zwischen den Polen Stadt und Land, die auf Ibiza überall spürbar ist, verdankt sich nicht zuletzt den zahlreichen unkonventionellen Residenten (wie die Ausländer, die sich auf der Insel niedergelassen haben, genannt werden). Einige ursprünglich ländliche Gebiete haben im Laufe der Zeit ein fast urbanes Flair entwickelt.

Das inzwischen eingespielte Miteinander von einheimischer Bevölkerung und Fremden – wozu auch die Katalanen vom Festland gerechnet werden – hat eine Mischkultur hervorgebracht, die sich deutlich von der tradierten ländlichen Kultur unterscheidet. Das Dorf San Carlos beispielsweise ist einer jener Orte, wo sich ländliche Traditionen mit gänzlich entgegengesetzten urbanen Lebensformen überlagern.

San Carlos liegt in einer etwas angehobenen Talsenke inmitten einer Hügellandschaft, die durch die Sierra de San Vicente und den Puig de Sa Sabina vor dem kalten Nordwind geschützt ist. Dort, wo von der Landstraße von Santa Eulalia nach San Vicente die Stichstraßen zur Ostküste abzweigen, ist das Dorf San Carlos mit diversen umliegenden Häuseransammlungen entstanden. San Carlos

ist seit Jahren ein Paradebeispiel für jene Kultur, die aus der wechselseitigen Beeinflussung der Sphären von Stadt und Land hervorgegangen ist, was u.a. im Kunstgewerbemarkt beim Restaurant »Las Dalias«, in »Anitas Bar« (dem Treffpunkt von San Carlos) sowie in einer Schule für ausländische Kinder seinen Ausdruck findet.

In dieser Umgebung mit anhaltender bäuerlicher Erwerbstätigkeit liegt inmitten rötlicher Felder und mit Pinien und Wacholder bestandener Hügel die alte Finca Can Colomer. Hier hat Carlos Martorell in den Sommermonaten seinen Wohnsitz. Carlos ist ein Großstädter vom Scheitel bis zur Sohle und liebt seine Heimatstadt Barcelona über alles – ihr kosmopolitisches Gefüge, das Flair der modernen Metropole voller Lebensart, das der Rest der Welt während der olympischen Spiele 1992 kennenlernen konnte. Schon lange vorher, in den sagenumwobenen 60er Jahren, hatte Carlos einer in der Kulturszene aktiven Gruppe angehört, die ihren Mittelpunkt im »Bocaccio« hatte, dem berühmten Nachtclub von Oriel Regás.

Carlos war schon von Jugend an immer wieder nach Ibiza gefahren, auch schon bevor die Hippiewelle über die Insel schwappte. Eine Zeitlang lebte er in einem Häuschen im nahe beim Flughafen gelegenen Dorf San Jorge (Sant Jordi) unterhalb der entzückenden mauerumgürteten Kirche. Einige Jahre später kaufte er in Ibiza-Stadt von einer Zigeunerin ein winziges Fischerhäuschen an der Gasse Sa Carrosa, einem malerischen Gang, der vom Hafen in die Dalt Vila emporführt. Von diesem ›Stützpunkt‹ aus konnte er den Ausbau von Can Colomer in Ruhe in Angriff nehmen.

An diesem Haus gefiel ihm die einzigartige Lage auf einem Hügel, dessen Umland an einen von Pinien, Johannisbrot- und Mandelbäumen gesäumten Krater erinnert. In diesem ländlichen Ambiente entfaltet das Haus seine klaren, weißen Formen in der für alle ibizenkischen Häuser so typischen Reihung, bis das letzte Element ›nahtlos‹ in die umstehenden Mandelbäume und den üppigen Feigenbaum übergeht. Sämtliche ursprünglichen Bauelemente blieben erhalten, von dem mit Schilf, Algen und Lehm abgedichteten Dach über die *sabinas* (die Balken aus dem Holz des Sadebaums) bis hin zum windschiefen Vordach.

Im Inneren des Hauses hat Carlos Martorell auch den großen Kamin mit der von weißgetünchten Steinbänken umgebenen Feuerstelle sowie die Bo-

denbeläge aus bunten, im Laufe von hundert Jahren glattpolierten Kieseln unverändert gelassen. In einem anderen Zimmer schafft eine kunstvolle Bank mit kleinen Kissen ein behagliches, aber zugleich auch strenges Interieur, getaucht in das weiche Licht der Altarkerzen, der einzigen Lichtquelle in diesem Raum. Ein Zimmer weiter wirft ein Spiegel das Bild eines von makellosen Vorhängen umrahmten Schlafplatzes zurück.

Es ist nicht verwunderlich, daß sich der Hausherr in diesem Rahmen von selbstgewählter Schlichtheit wohlfühlt. Letztere ist ihm ebensoviel wert wie der Luxus eines First-Class-Hotels. Sein allmorgendliches Reinigungsritual – Wasser zum Waschen aus dem Brunnen heraufholen, sich im Schatten des Johannisbrotbaums rasieren, ein weißes marokkanisches Gewand anlegen und den Gänsen Futter geben oder (im Juni) die ersten Feigen pflücken – ist für ihn der erste wichtige Schritt zum mentalen Abschalten. Aus dieser offenen, ruhigen Position heraus möchte Carlos jene zwei grundlegenden Lebenserfahrungen machen, die ihn interessieren: die stete Veränderung und die absolute Freizügigkeit.

Seite 182–185:
Auf diesen Fotos offenbart sich die raffiniert gewollte, gestalterische ›Vernachlässigung‹ der Außenräume.

Oben und rechts:
In den nahezu unverändert gebliebenen Innenräumen der alten Finca finden sich auch noch die traditionellen Kieselböden.

Nachfolgende Seiten:
In allen Details der Inneneinrichtung zeigt sich jene kompromißlose Eleganz, die nicht nur an die ibizenkische Tradition anknüpft, sondern auch als Hommage an die Architekten der katalanischen Avantgarde wie Sert und Coderch zu verstehen ist und den Geist der ausgehenden sechziger Jahre atmet.

Das Haus, das aus der Erde wächst

In einem der kleinen Täler, die sich von der Straße nach San José bis zu den Buchten der Südküste erstrecken, befindet sich ein zur Hälfte in den Hang gegrabenes neues Haus, dessen Mauern aus den ohne Mörtel gefügten Steinen der Umgebung bestehen. Die ›Tarnung‹ ist so perfekt, daß man es kaum wahrnimmt, wenn man daran vorbeifährt.

Alles begann vor nun fast 30 Jahren, als ein deutscher Architekt, der im Raum Frankfurt gut im Geschäft war, beschloß, sein Leben zu ändern und die nächsten vier Jahre auf Ibiza zu verbringen. Er genoß das Kontrastprogramm, das ihm das Wohnen und Leben auf einer alten Finca in San Augustín bot. Hier hatte er jetzt genug Zeit, um in Ruhe darüber nachzudenken, ob er für sein zukünftiges Domizil ein bestehendes Haus wählen oder lieber neu bauen sollte. Schließlich entschied er sich für die letztere Option und dafür, gleich ein kleines Arbeitsstudio für seine berufliche Tätigkeit mit einzuplanen, denn der Gebrauch von Fax und E-Mail, der sich damals gerade durchzusetzen begann, eröffnete ganz neue Möglichkeiten.

Von diesem Zeitpunkt an begann er sich mit der traditionellen ibizenkischen Bauweise zu beschäftigen,

was mit einer selbstkritischen Abrechnung seines vorherigen Schaffens einherging. Er beschloß, fortan einer bioklimatischen, naturverträglicheren Architektur den Vorzug zu geben. Die sich in Deutschland immer schneller steigernden Ansprüche in bezug auf Normierungen und technische Standards führten in seinen Augen in eine Sackgasse. Die Möglichkeit, auf Ibiza mit einer im weitesten Sinne des Wortes ökonomischen Architektur experimentieren zu können, wirkte sich richtungsweisend auf sein gesamtes Schaffen aus.

In seinem Atelier auf Ibiza sind einige hervorragende Entwürfe für neuartige, moderne Wohnbauten in Kroatien und den Vereinigten Staaten entstanden. Sie fußen auf dem Grundmuster seines eigenen ibizenkischen Hauses mit seinen abgerundeten Steinmauern, die nicht nur die Erdmassen zurückhalten, sondern auch den Lichteinfall beeinflussen und abstufen.

Die beschränkten Abmessungen des Tales legen auch die Ausmaße des Gebäudes fest. Die äußere Stützmauer umschließt in ihrer Erweite-

Die ungewöhnliche Rundform des Aufenthaltsbereichs widerspricht trotz ihrer Extravaganz dem ibizenkischen Stilempfinden nicht.

rung einen runden Bau, der in seinem Mittelpunkt Küche und Bad beherbergt. An die Durchgänge an der Vorderseite schließen sich Wohn- und Eßzimmer an.

Die fließende Raumaufteilung, das die Oberflächenstruktur der Objekte betonende Licht sowie die Harmonie zwischen Steinmauern und dem hölzernen Gebälk sollten die Charakteristika dieses ersten Hauses sein. Davor entstand auf anderem Niveau ein zweiter Bau. Dieser ist kleiner und erhebt sich inmitten einer ebenfalls rund angelegten Schwimmbadanlage, die optisch als Abgrenzung des Gebäudekomplexes zum Garten hin dient. Dieser zweite Bau enthält auch einen Gästepavillon. In der dritten, wiederum auf einem anderen Niveau befindlichen Zone ist ein Garten angelegt, den der Hausherr gern noch größer sehen würde. Er ist kunstvoll mit dem umliegenden Wald verwoben. In der Verlängerung fällt das Tal zum Meer hin ab. Dem Architekten gefällt der Gedanke, daß das Boot, das er sich noch zulegen will, dann zusammen mit den Kähnen der ortsansässigen Fischer in jenen Holz- und Steinbaracken liegen wird, die in ihrer fächerförmigen Anordnung die kleinen Küstenbuchten so malerisch bevölkern.

Das spätsommerliche Licht taucht die Steine in einen warmen Erdton. Nur das blaue Wasser des Pools fällt aus dem ländlich-beschaulichen Rahmen heraus. Der Hausherr atmet tief durch. Auch er hat sich vollkommen in diese Insel verliebt und versichert, sie besitze jene undefinierbaren Schwingungen, die jeden positiv beeinflussen, der sich auf ihr niedergelassen hat. Deshalb kuschelt sich sein Haus an die Erde, nimmt Zuflucht bei ihr, um Schutz vor Kälte und Wärme zu finden und – wer weiß? – vielleicht auch, um ihren Herzschlag in der Tiefe zu spüren.

Seite 192–195:
Die doppelte Wendeltreppe führt auf eine Zwischenebene (*mezzanino*), auf der sich die Schlafplätze befinden. Das Bad verbirgt sich in der tragenden Mittelsäule.

Die Göttin Kali

Ein durchdringender Blick aus blaugrauen Augen, das rote Zeichen des Hinduismus' auf der Stirn und eine einschmeichelnde Stimme, die sich für den totalen Rückzug ins Privatleben ausspricht: Das sind die erste Eindrücke, die dem Besucher nach einer langen Fahrt über eine kurvige Landstraße entlang pinienbestandener Berghänge zuteil werden. In einem tiefen Tal, auf halber Höhe zwischen der Kontur des Himmels und der schattigen Feuchtigkeit eines kleinen Flusses, der duch das Tal fließt, liegt Can Kali, das Ergebnis eines ebenso phantasievollen wie radikalen Umbaus eines ursprünglich gegen Ende des 18. Jahrhunderts erbauten Hauses.

Der Blick wird liebenswürdiger, und die Stimme nimmt einen melancholischen Ton an, während dieser eigentümliche Mann uns von seiner Ankunft auf Ibiza im Jahr 1972 erzählt. Diese entsprang damals dem puren Zufall und fand nach einer schweren persönlichen Lebensentscheidung ziemlich überstürzt statt. Nach einer schwierigen Lebensphase bedeuteten der Bruch mit dem vorherigen Lebensstil einschließlich des Verlustes grundlegender Annehmlichkeiten des westlichen Lebens sowie die Aufgabe des Architektenberufs die ersten Schritte auf der Suche nach einer neuen Identität und nach gei-

stiger wie physischer Erneuerung. Bei dieser umwälzenden Veränderung seiner Lebensperspektiven kam ihm sein nachdenklicher, kultivierter Intellekt zugute, der nicht nur den westlichen Quellen des Denkens wie beispielsweise dem Idealismus Platons nahesteht, sondern sich auch vom starken Spiritualismus der Hindus mit ihrer bedingungslosen Aufrichtigkeit und Schicksalsgläubigkeit angesprochen fühlt.

Das Erstaunliche daran ist die Tatsache, daß sich diese persönliche Entwicklung hin zu einem sich bewußt ausgrenzenden anarchischen Individualismus mit einer Karriere als Modedesigner verband. Gleich nach

Auf dieser und den vorhergehenden Seiten ist die vollkommene und faszinierende Einheit von Natur und Bauwerk zu erkennen, die dem Lebensgefühl des Hausherren entspricht.

seiner Ankunft auf Ibiza hatte er diese Tätigkeit aufgenommen – in einer Branche ausgerechnet, die mit ihrer Hektik, Schnellebigkeit und Oberflächlichkeit im genauen Gegensatz zu seinem neuen Leben auf Ibiza steht. Doch sicherlich zählen das Paradox und der Widerspruch zu den Gesetzmäßigkeiten im Denken des Hausherrn von Can Kali; zwei Elemente, die nicht zufällig den Entwurf und das Äußere des Hauses zum Teil erheblich geprägt haben.

Das äußere Erscheinungsbild des Hauses, eine untrennbare Einheit aus alten und neuen Gebäudeteilen, läßt uns verblüfft an von Menschenhand geschaffene Gebilde – von den tibetanischen Zelten bis zu den marokkanischen Städten – zurückdenken, die zeitlich und räumlich weit vom Hier und Jetzt entfernt sind. Der erste Eindruck schlichter und nackter Neutralität der Stein- und Lehmmauern wird durch die Gestaltung des Innenbereichs wieder aufgehoben. Hier sorgen Kletterpflanzen für ein sehr viel behaglicheres Ambiente. Im ganzen Haus zeigt sich die erfrischend phantasievolle Einflußnahme des Hausherrn, die manchmal wie improvisiert und manchmal wie sorgfältig durchdacht wirkt.

Die Wände scheinen im gleichen Rhythmus wie Pflanzen und Bäume gewachsen zu sein, und die Harmonie in der Raumaufteilung ist absolut. Den Eingang zum Wohnbereich bildet ein höchst ungewöhnlicher Vorraum, den man seines Daches beraubt hat, so daß er einen Innenhof bildet, der das eintretende Licht dämpft und das Grün der Natur ins Innere des Hauses läßt. Dahinter schließt sich die mit der alten *sala* verbundene Küche an, wodurch sich für den gesamten Raum ein erheblicher Niveau-Unterschied ergibt, der durch ein kleines Zwischengeschoß dynamisch überbrückt wird. Küchengeräte, Bilder, Porzellan, ein Glastropfenleuchter und das allgegenwärtige Olivenholz (bzw. Hdg. der *sabinas*) schaffen ein reiches, aber überschaubares Ambiente voller Leben und Sensibilität. Der Rest des Hauses erinnert an ein vorgezeichnetes Labyrinth mit Einzelzellen wie in einem Lamakloster. Eine Reihe von Treppenstufen führt auf und ab zu den letzten beiden Zimmern, dem Schlafzimmer mit Blick aufs Meer und einem dunklen Betzimmer, wo sich das rote Mal einer hinduistischen Gottheit in einer silbernen Vase spiegelt. Das zutiefst prosaische Grundmuster dieser Lebensweise offenbart sich in der Dusche beim alten Stall, die als Dach nur einen üppigen Jasminbaldachin besitzt, der mit seinem Duft den Charakter des Raumes bestimmt, oder in der Toilette mit Blick auf Meer und Wald.

Aus einigen Fenstern fällt der Blick ins Tal hinab auf Terrassen, die an Kulturlandschaften südostasiatischer Länder erinnern. Mit Hilfe dieser Terrassen wird das Regenwasser aufgefangen und in eine Zisterne geleitet, so daß der Garten damit versorgt werden kann.

Die Befriedigung, die eigener Hände Arbeit verschafft, der gemäßigte Lebensrhythmus, die elementare Lebensfreude, die Wiedererlangung einer durch nichts und niemanden eingeschränkten Freiheit, die Umwandlung alles Negativen in Positives – das sind die Assoziationen, die den in die lärmende Zivilisation zurückkehrenden Besucher schlagartig überfallen, sobald er Can Kali verlassen hat.

Auch die Küche, wo die alte Kochstelle und die historischen Gerätschaften noch in Gebrauch sind, dokumentiert die selbstauferlegte Beschränkung des Hausherren auf eine einfache, archaische Lebensweise.

Das Haus mit dem großen Turm

Zu den intaktesten Landschaftszonen der Insel gehört die weite Ebene zwischen San Miguel und Santa Inés, die an ihrem Nordrand eine tektonische Falte bildet, wodurch eine schroffe, steile Küstenlinie entstanden ist. An dem landeinwärts, nach Süden gerichteten Hang dieses Küstengebirges erhebt sich an einer Stelle – vis-à-vis von der in weiter Entfernung aufragenden Kirche von San Miguel – ein moderner Rundturm, der den alten Türmen von Balafi nachempfunden ist. Harmonisch paßt sich der Turm mit dem alten Haus zu Füßen in die waldreiche Landschaft ein.

Der Weg, der zu dem Anwesen führt, gabelt sich am Fuße des Hügels. Auf dem Abzweig gelangt man in die Cala Portixol, eine der verstecktesten Buchten der ganzen Insel. Der andere Weg schlängelt sich unterhalb der Finca durch einen Garten. Hier stehen Palmen, die im Herbst eine graue Färbung annehmen.

Der Eigentümer der Finca, der sein Geld mit der Produktion von Unterhaltungselektronik verdient, mußte das alte Haus, das er gekauft hatte, erweitern lassen, weil er Platz für viele Gäste haben und eine Reihe von Fitneßeinrichtungen wie Sauna, Dampfbad und Sporträume unterbringen wollte. Zum Teil ließ sich dies durch die Anlage luxuriös ausgestatteter Kellerräume bewerkstelligen. Für den restlichen Raumbedarf plante er, ein weiteres Gebäude mit einer Art Containerfunktion zu errichten, das keine Imitation des bereits existierenden sein sollte. An diesem Punkt entstand die Idee, sich einer großen runden Form zu bedienen, nämlich eines Rundturms, der kulturgeschichtlich gesehen zu dem benachbarten Haus paßte, als Baukörper aber gleichzeitig einen reizvollen Kontrast zu diesem darstellen sollte. Der Turm wurde aus den gleichen Natursteinen wie die Türme von Balafi erbaut und mit dem alten Haus, in dem weiterhin die Funktionsräume untergebracht blieben, baulich verbunden.

Bei der Innenausstattung der Räume im neuen Turm ließ der Hausherr seiner Phantasie freien Lauf und schuf eine neue Ausdrucksform, in der sich funktionale und dekorative Elemente arabischen Stils mit expressionistischen Anklängen mischen, die zum Teil auf den Jugendstil-Architekten Antoní Gaudí verweisen. All dies vereint sich zu einer Art Traumlandschaft, die an die berühmte Fassade der Diskothek »En la Corte de King Crimson« erinnert.

Diese neue Stilschöpfung findet in der Anlage des Swimmingpools ihren beeindruckenden Höhepunkt: Das Becken am Fuß des Berghangs zeigt in seinen Umrissen die Form einer großen Welle. Mit elegantem Schwung zeichnet sich der stahlblaue Spiegel vor dem Dunkel des Horizonts ab.

Licht und Farbe, geschwungene Formen, verschlungene Muster, duftiger Tüll, Sternenkuppeln, geheimnisvolle Lampen, die fragile Flacons mit duftenden Parfums beleuchten – warum nur sind Wohlbefinden und Behaglichkeit von so konkreten formalen Gegebenheiten abhängig? Während hier, sozusagen aus dem Inneren der Erde, ein solch außergewöhnliches Gebilde herangewachsen ist, gelten draußen, für den größten Teil der Sterblichen die immer gleichen, unveränderten Gesetze.

Seiten 210–215:
Das äußere Erscheinungsbild des Hauses läßt nicht erahnen, welche ausufernden Phantasiewelten es in seinem Inneren birgt: eine heterogene Vielfalt der Formen, die von traditionellen maurischen Elementen über Gaudí-Reminiszenzen bis zur amerikanischen Pop-art reicht. Der offene Pool auf der Terrasse über dem Tal gehört zu den ungewöhnlichsten und aufregendsten Anlagen der Insel.

Can Miquel
de Sa Font de Morna

Schon an anderer Stelle in diesem Buch sind die Häuser von Morna, eines sonnigen und fruchtbaren Tals unterhalb des schützenden Puig de Furnas, beschrieben worden. Von der Talsohle schraubt sich der Weg hinter Can Lluquí in die Höhe und führt zu einem abschüssigen Gelände, wo sich Can Miquel de Sa Font befindet.

Die charakteristische Form der Anlage mit der Abstufung nach Süden blieb beim Umbau im wesentlichen erhalten. Blakstad fügte lediglich den ausgedehnten Bereich des Schwimmbads hinzu und veränderte den Innenraum, um ein geräumigeres Wohnzimmer zu erhalten. Bei diesem Haus konnte sich Blakstad auf das

Das Haus stammt aus dem Jahr 1822; im Zuge der von Rolph Blakstad geleiteten Restaurierung stieß man jedoch 1969 bei Erdarbeiten auf punische Münzen, die das wahre Alter der Enklave belegen.

konzentrieren, was ihm am meisten am Herzen lag: auf ein gemütliches Interieur, auf die Wechselbeziehung von Innen- und Außenbereich und auf die Lichtverhältnisse. Bei diesem Haus sah sich Blakstad nicht zu

einem Kraftakt mit aufwendigen Entwürfen und stilistischen Zitaten gezwungen, den seine Klientel der Vorjahre ihm im Wunsch nach theatralischer Zurschaustellung häufig abverlangt hatte.

Bei der Arbeit an Can Miquel konnte Blakstad mit der ruhigen Gewißheit zu Werke gehen, erstens kein uferloses Projekt vor sich zu haben und sich zweitens an zwei Vorlagen halten zu können, mit denen er sich in den letzten Jahren eingehend beschäftigt hatte: an die traditionelle ibizenkische Bauweise und an die historische Architektur der Völker der ›trockenen Erde‹, besonders an die der arabischen Länder.

Ob ein Baustil für den jeweiligen Standort, in diesem Falle also Ibiza, angemessen ist oder nicht, ist laut Blakstad weniger eine Frage des Klimas als vielmehr der Kultur. Hier auf Ibiza versucht er das zu verwirklichen, was man als Architektur des Südens bezeichnen könnte – ein kulturhistorisches Konzept, das durch eine tausendjährige Geschichte legitimiert ist.

Nachfolgende Doppelseite:
Die wuchtige Massigkeit der ibizenkischen Architektur verbindet sich aufs Harmonischste mit den eher filigranen Elementen des maurisch-arabischen Erbes.

Blakstad betont nachdrücklich, daß die authentische ibizenkische Kultur die bäuerlich-ländliche ist, die sich seit der Antike nicht verändert hat. Seiner Meinung nach hat diese Kultur Perioden des interkulturellen Austausches, großer Völkerwanderungen bzw. von Nomadenbewegungen überdauert, die eine kulturelle Brücke von Nordafrika bis ans Ende der Seidenstraße im fernen Orient schlugen. Diese archaischen Ursprünge der Architektur zu ergründen, findet Blakstad faszinierend. Deshalb hat er in Vancouver eine Stiftung ins Leben gerufen, die sich mit der Erforschung der Ursprünge unserer Architektur befaßt.

Während Blakstad in der *sala* von Can Miquel sitzt und die Tatsache beklagt, daß die heutige Moderne aus verständlichen ideologischen Gründen mit der Vergangenheit tabula rasa macht, bricht die Dämmerung herein. Die untergehende Sonne taucht die durch Ecken und Stufen gegliederte *sala* über und über in goldenes Licht. Die Szenerie erinnert an bestimmte Räumlichkeiten der Alhambra, die durch winzige Abstufungen voneinander getrennt sind, die wie die Ränder dicker, weicher Teppiche wirken. Durch die Fenster werden die phantastischen Schatten der auf der Finca herumstolzierenden Pfauen an die Wand projiziert. Eine in einer Ecke auf dem Boden stehende Lampe aus Granada verteilt durch das ausgestanzte Blech winzige Lichtstrahlen im Raum. Draußen fallen die hufeisenförmigen Bögen des von zwei Wasserspeiern im typisch arabischen Blumendekor gespeisten Wasserbeckens ins Auge. Weiter unten, im Gartenpavillon, ist bereits für das Abendessen gedeckt. Die Gläser aus mallorquinischem Glas fangen die letzten Lichtstrahlen auf, und die Datteln und Mandarinen leuchten im Halbschatten, der sich langsam über das Tal von Morna legt.

Die letzten Strahlen der untergehenden Sonne bringen Blakstad noch

Oben und rechts:
Das milde mediterrane Klima läßt die Anlage von offenen Aufenthaltsbereichen zu, die in der Tradition der unvergleichlichen Alhambra von Granada stehen.

auf ein weiteres interessantes Phänomen: So berichtet er, daß in den warmen Klimazonen das Licht durch Patios und Schächte kanalisiert wird, und in bestimmten indoarischen Kulturen die Lichtstrahlen durch bauliche Maßnahmen genau auf die Feuerstelle gelenkt werden, so daß ein symbolisches Zusammentreffen der Licht- und Wärmequellen stattfindet.

Dann nimmt seine Stimme jenen einschläfernden Ton an, der so typisch für ihn ist, wenn er ins Erzählen gerät: »Beim mykenischen Megaron (der ältesten Form des indogermanischen Hauses) bildet die Feuerstelle den Mittelpunkt des Gebäudes, genauso wie bei den Wohnstätten und Palästen von Nuristan oder Baktrien. Alexander der Große brachte alle diese Kulturen miteinander in Verbindung und stieß bis zum eigentlichen Ursprung der arischen Kultur, nach Baktra (heute Balkh) vor, der Hauptstadt eines Imperiums, über das man nichts weiß, außer daß es der Geburtsort Zarathustras ist, der die Erde mit dem Feuer erleuchtete.«

Das im arabischen Kulturkreis weitverbreitete Schmuckbecken wird hier zum Swimmingpool und stellt die Verbindung zwischen zwei Aussichtspavillons dar.

Can Embarcador

In den 30er Jahren des 20. Jahrhunderts entwickelte sich auf Ibiza in der Architektur eine Stilmischung aus der tausendjährigen ländlichen Tradition der Insel und der seinerzeit modernen Formsprache, die in Deutschland geprägt wurde und schon bald unter dem Namen Internationaler Stil oder Funktionalismus Bekanntheit erlangen sollte. Die Traditionslinie dieser Bewegung reicht von einigen bedeutenden europäischen Architekten wie Erwin Brönner, Haussmann, Le Corbusier und einigen katalanischen Architekten unterschiedlicher Generationen – allen voran José Lluis Sert und Germán Rodríguez Arias – über J.A. Coderch bis hin zu dem zeitgenössischen Ibizenker Elias Torres. Während die Ausbreitung dieses vom Rationalismus abgeleiteten Stils in der Entwicklung der katalanischen Architektur deutlich zu erkennen ist, ist die Entwicklung der modernen Architektur in Madrid anders verlaufen. Hier hat man trotz einer gewissen Anlehnung an die strikte Geometrie der traditionellen Häuser Ibizas oder Andalusiens nach anderen Inspirationsquellen gesucht, die sich erheblich von denen ›der Katalanen‹ unterscheiden. Einer der wichtigsten Architekten der Nachkriegszeit in Madrid, Miguel Fisac, brachte in sein interessantes Werk Elemente des skandinavischen Neoklassizismus' sowie – vor allem mit der Variation von Bögen und Arkaden – der Architektur des italienischen Faschismus' ein.

Eines der ersten Einfamilienhäuser, die in der Nachkriegszeit auf Ibiza gebaut wurden, entwarf der Bühnenbildner, Amateurarchitekt und

Aristokrat Javier de Olaso für sich selbst. Bei diesem Herrenhaus ist das wiederkehrende Motiv der flach gewölbte und von einem glatten Sims umgebene Bogen, der sehr an die Werke Miguel Fisacs erinnert. Aneinandergereiht bilden diese Bögen die Außenhaut des Hauses. So wird optisch ein membranartiger Übergang zur Außenwelt geschaffen, zum Himmel und zum Meer, auf dem sich in der Ferne die Konturen der winzigen Inselchen Bosque und Esparto abzeichnen.

Der Entwurf Olasos beruht auf der Betonung des Gegensatzes zwischen dem zerklüfteten Felsgestein des Standortes und einer Folge von höhenversetzten Terrassen von großer geometrischer Strenge. Auf dieser mächtigen Basis fußt das erwähnte Bogenwerk, das die Außenterrassen elegant vom leicht abgesenkten Innenraum trennt.

Die Ausmaße des hochaufragenden Hauses sind so monumental, daß das Gebäude wie eine einzige mächtige Mauer wirkt. Daraus ergibt sich ein sehr schöner optischer Effekt: Vom Eingang an der Rückseite des Hauses aus eröffnet sich, gleichsam durch das ›Objektiv‹ der großen Glasschiebetür, eine reizvolle Blickachse bis zur Cala Conta auf der anderen Seite des Hauses.

Can Embarcador gehört zu jenen Häusern auf Ibiza, die eine direkte Verbindung zum Meer haben. Die stufenweise zum Wasser hin abfallende Terrassenanlage umfaßt Aufenthaltsbereiche, einen Pool und Wasserrinnen, die zur alten Anlegestelle für die Fischerboote hinabführen, von der sich der Name der Finca ableitet (*embarcador* = Anleger). Im makellosen, weißen Innenraum hatte Olaso einige wenige skurrile Objekte aufgestellt, die man als Möbelskulpturen bezeichnen könnte – effektvoll beleuchtet durch eine Reihe von Lichtschächten an der fensterlosen Rückwand des Hauses.

Erst vor wenigen Jahren ging die Finca in den Besitz eines wohlhabenden Ausländers über, wie es so viele auf Ibiza gibt. Der neue Hausherr ist ein Italiener vom Scheitel bis zur Sohle, den man sich gut als Industriekapitän in Mailand oder Turin vorstellen könnte – oder auf dem Sonnendeck einer Yacht, auf Großwildjagd in Afrika oder an einem schönen Strand von Bali. Und tatsächlich beginnt er mit sympathischer Selbstironie seine Geschichte zu erzählen: von der Pilgerreise nach New York, der sieben-

jährigen Tätigkeit als Bildhauer auf Bali, den Jagden in Afrika, noch bevor es die organisierten Fotosafaris gab.

Sein persönlicher Traum, die ganze Welt zu bereisen, hat sich erfüllt. Dennoch, so scheint es, hat er noch immer nicht gefunden, was er sucht. Geboren im italienischen Grenzgebiet zu Kroatien, ist er ein typischer ›Grenzgänger‹ geblieben, der sich nur schwer für eine feste Heimat entscheiden kann.

Er lächelt bitter, als er erklärt, daß es in seinem Alter an der Zeit sei, sich endgültig niederzulassen und einen Roman zu schreiben. Dieser soll den Titel »Feuererde« tragen und in Afrika spielen. Er selbst ist damals wegen eines Mädchens nach Ibiza gekommen, und nun lebt er allein in Can Embarcador, hin und wieder allerdings in guter Gesellschaft.

Vorhergehende Seite:
Die phantastische Lage auf einem Steilufer an der Westküste spielte bei der architektonischen Gestaltung des Hauses eine Hauptrolle.

Oben:
Dem Charakter der Bewohner entsprechend, finden sich in allen Bereichen des Hauses ironische Brechungen.

La Casa de las Vírgenes/ Das Haus der Jungfrauen

An der Straße, die von Ibiza-Stadt zu den Buchten im Norden der Insel führt, weist ein blau gestrichener Stein den Weg. Der führt durch ein Pinienwäldchen zu einem langgestreckten Haus, das aus einem alten Bauernhaus und einem neuen Anbau besteht. Hier wohnt Jörg Marquard, einer jener Designer, die sich mit der Restaurierung alter ibizenkischer Häuser einen Namen gemacht haben.

Marquard ist ein ernster und liebenswerter Mensch, der im Bemühen, ein möglichst behagliches Ambiente zu schaffen, einfühlsam auf seine Kunden eingeht. Seine Lebensphilosophie ist von einfacher Natur, empirisch orientiert und daran ausgerichtet, die menschliche Natur zu verstehen. Das jahrelange Leben auf Ibiza hat ihm einerseits zu einer kreativen Lebensintensität verholfen, andererseits aber auch für einen gewissen Abstand zu den Ereignissen draußen in der Welt gesorgt.

Vielleicht ist sein eigenes Haus auch deshalb ein ganz normaler Bau ohne alle Extreme. An dem gemütlichen Landhauskern des ursprünglichen Gebäudes hat Jörg Marquard

neue Aufenthaltsräume und Schlafzimmer angebaut. Dazu kam ein Pavillon als Arbeitszimmer, der im Eingangsbereich an der Nordseite zusammen mit dem Haupthaus eine Art *patio* bildet. Die Südseite ist ins Tal gerichtet, wo der Garten das Schwimmbad und den sommerlichen Eßplatz umgibt. Die Veranden und Laubengänge am Haus sind überwuchert von Pflanzen und vollgestopft mit Büchern.

Die entspannte Atmosphäre und der Komfort finden im Lebensgefühl der Hausbewohner ihren Niederschlag. Das demonstrieren vor allem die beiden blonden Mädchen, die vor einem Basketballkorb Michael Jordan nacheifern oder kopfüber in den Pool springen. Auch ohne daß sich einzelne charakteristische Merkmale hier konkret benennen ließen, besitzt dieses Haus das typisch ibizenkische Flair was den Lichteinfall, die Natürlichkeit und die Einflüsse benachbarter Kulturen anbelangt. Sie reichen von den Stichen Piranesis in der *sala* bis zu den von Jörg Marquard selbst bemalten Möbeln, besonders den Betten, die an die ausgefallenen Produkte des Ateliers Omega von Roger Fry erinnern. Es herrscht eine natürliche, aber kontrollierte Unordnung, oder soll man sagen, eine freie und spontane Ordnung? Und strotzen die einzelnen Ensembles und inszenierten Räume auch nur so von unterschiedlichsten Formen und Farben, so gibt es doch eine unübersehbare Konstante: die unendliche Zahl hieratischer Skulpturen von vertikaler Ausrichtung. Nähert man sich den auf allen Tisch, Regalen oder sonstigen Flächen herumstehenden Gegenständen, kann man in ihnen plötzlich zarte und feine Frauengesichter und -hände erkennen.

Die extreme Vereinfachung der Körper weckt spontan die Assoziation an Marionetten, Glieder-, Schaufenster- oder Schneiderpuppen. Die von den Gesichtern ausgehende Güte führt uns jedoch wieder auf die richtige Spur. Es handelt sich um heilige Jungfrauen, um Hunderte von volkstümlichen Marienfiguren, die Marquard über Jahre hinweg gesammelt und ihrer nicht allzu kleidsamen Gewänder beraubt hat. Mit dieser unbarmherzigen Reduktion auf das Wesentliche entwickeln die Figuren Charakter und Aura und werden so zu in-

Rechts:
Die kleiderlosen Marienstatuen, die zu Hunderten das Haus bevölkern, geben dem friedvollen Ambiente eine leicht beunruhigende Note.

teressanten Kunstwerken. Eine Szene aus »Fanny und Alexander«, einem der letzten Filme Ingmar Bergmans, kommt uns in den Sinn: Mit weit geöffnetem Mund stehen die Kinder staunend vor einer Puppenwerkstatt.

In diesem Ambiente zu leben, bedeutet zwangsläufig, den Blick wohl Hunderte Male am Tag mit jenem aus gütigen blauen Augen voller Liebe und Verständnis zu kreuzen. Manchmal werden diese verständnisvollen blauen Augen sehr lebendig – dann gehören sie zu der Hausherrin, die ihr Haus mit der festen Hand und der Erfahrung eines weisen Kapitäns durch die Wogen lenkt.

Porxo, Pool und Sommerspeiseraum künden von der klimatischen Bevorzugung der Insel und signalisieren Behaglichkeit und Komfort.

Can Marés

Fährt man von Ibiza-Stadt auf der alten Landstraße in Richtung Santa Eulalia, gelangt man zunächst nach Jesús. Die Kirche des kleinen Dorfes an der Peripherie der Hauptstadt ist wegen ihres kostbaren farbigen Altaraufsatzes berühmt. Hinter Jesús steigt das Gelände rasch an. Wirft man einen Blick zurück, bietet sich einer der herrlichsten Ausblicke auf die mittelalterliche Dalt Vila (die Oberstadt) und den Hafen. Im weiteren Verlauf führt die Straße zum einzigen Golfplatz der Insel. Kurz davor liegt linker Hand Can Furnet, eine kleine Ansammlung von Häusern. Nach einigen Kurven erreicht man ein Piniewäldchen, über dem eine nur gelegentlich vom Gesang der Zikaden und dem Pfeifen des Ostwindes unterbrochene Stille liegt. Der Weg führt weiter nach oben bis zu einem kleinen Gipfel. Auf ihm thront ein schickes, weißes Haus, das im nordwärts gerichteten Eingangsbereich die typischen kubischen Landhausformen aufweist. Die große überdachte Vorhalle (*porxo*) öffnet sich zum terrassenförmig gen Süden angelegten Gartenbereich rund um das Schwimmbad.

Das Haus wurde von Rolph Blakstad entworfen und trägt unverkennbar dessen Handschrift. Die Kombination von authentisch ›ibizenkischen‹ Formen mit Elementen, die sich aus anderen Inspirationsquellen speisen, offenbart den wissenden Eklektizismus des Architekten. Die ungewöhnlich proportionierte und über zwei Stockwerke reichende Eingangshalle mit der riesigen Holztreppe erhält durch zwei gigantische Frauenportraits im Stil der Renaissance ihre besondere Note. Die *sala* nimmt die Tradition alter mediterraner Landsitze auf. Mit ihren vier gewaltigen Kapitell-Säulen strahlt sie eine behäbige Würde aus. In der Ansammlung von Kaminen, Treppen, Laubengängen und hölzernen Pergolen sowie den allgegenwärtigen Clair-obscure-Effekten des einfallenden Sonnenlichts offenbart das Haus die typischen Merkmale der klassischen mediterranen Architektur.

Seite 244:
Das Vestibül mit der mächtigen, zu den Schlafzimmern führenden Treppe entfaltet seine Wirkung durch die wunderbaren Kopien italienischer Renaissance-Portraits.

Do-Doce

Eine der malerischsten Routen des immer stärker belasteten Straßennetzes der Insel ist jene gerade Strecke, die von der Hauptstadt nach San Rafael führt. Als optischer Bezugspunkt dient dabei die eindrucksvolle Silhouette der Dorfkirche. Kurz vor San Rafael zweigt ein Weg von der Hauptstraße ab, der zur Disko »KU«, einer der berüchtigsten Stätten des Nachtlebens der Insel, führt. Dahinter dringt er in ein dicht mit Pinien und Steineichen bewachsenes Gebiet ein. Wir fahren in Richtung der Serreta de Can Palau empor, einem fast unberührten Waldgebiet zwischen der Erhebung der Sa Murta und der Landstraße nach San Antonio. Vor einigen Jahren erwarb hier ein deutscher Geschäftsmann ein altes ibizenkisches Haus aus dem 18. Jahrhundert, das heute den Namen der ersten Ehefrau des Eigentümers trägt: Do. Dem fügte man *doce* (spanisch für »zwölf«) hinzu, was auf die Anzahl der Zimmer anspielt, die der Hausbesitzer für die Mitglieder seiner großen Familie einrichtete.

Eigentlich ist das Anwesen ein komplettes kleines Dorf, das durch den ständigen Anbau neuer Elemente an den alten Kern entstanden ist – wobei eine Reihe von Gästesuiten die

jüngste Erweiterung darstellt. Sie sind terrassenförmig im Gelände angelegt und bilden eine gastliche Ecke mit einem Laubengang von doppelter Höhe. Dieser Aufsplitterung des Hauses, die an ein ›*Patchwork*‹ aus verschiedenen Stilrichtungen erinnert und vom einstigen Purismus der ibizenkischen Häuser weit entfernt ist, schlägt das Haus jenem postmodernen, undefinierbaren Stil zu, der auf Ibiza bei einer ganz bestimmten sozialen Schicht offenbar sehr beliebt ist. Ursprünglich war das Gelände durch Anbauterrassen gegliedert, deren Entstehung bis auf phönizische Zeit zurückgeht. Das Umland ist jedoch bedeutend verändert worden. Die Terrassen wurden in einen riesigen Garten verwandelt, der von einer Reihe von Wasserrinnen durchzogen wird. Mehrfach ergießt sich das Wasser in kleine Zisternen. Dieser Garten bildet die ›natürliche‹ Landschaft, in die das Haus eingebettet ist. Von der obersten Terrasse aus, unterhalb der roten Bougainvilleen, atmet man den warmen Südwind ein, der von der Zauberinsel Es Vedrà herüberweht. Noch immer brennt im Haus ein Licht. Es kommt aus dem winzigen Atelier, wo die Ehefrau des Besitzers damit beschäftigt ist, Schmuckstücke aus Gold zu fertigen.

Seite 250:
Eine der faszinierendsten Änderungen gegenüber der ursprünglichen Nutzung stellt die Umwandlung der alten Küche in eine großzügige *sala* dar. Die grandiose Raumwirkung verdankt sich der doppelten Deckenhöhe mit einer weiteren Sitzecke im offenen Zwischengeschoß.

Das Hauptschlafzimmer und das Bad (Fotos auf Seite 246) befinden sich im ältesten Teil des Hauses. Weitere Elemente, die das ursprüngliche Haus im Baukastensystem erweitert haben, verleihen der Anlage eine vertikale Ausrichtung.

Wir danken

Alex Jaumandreu, Anna Marquard, Antonio Facchini, Antonius Looman, Beate Wedekind, Elena Calderón, Gösta Friedrich Gassmann, Prinz Ernst August von Hannover, Salomon Engelsman, Irma Kuyper, Jaime Roig, Dr. Jochen Siemens, Johan Stensen, Jörg Marquard, Juan Seix, Louisa Compton, Leonique White, Margreet Hertel, Phillippe Rotthier, Priscilla Newman, Robert Tweerfeke und John Broekman, Rolph Blakstad, Roser Amado, Sandy Ivan Pratt, Toni und Suzan Torres, dem Philosophen Toni Mari, der Rockband "The Well Offs", den Firmen Decorum Ibiza, Fotolabor Ritu Ibiza, Hotel Ocean Drive, Ibiza Film, Sol d'en Serra Ibiza, The Watch Gallery, "Zoë & Chloé".